エージシュート記録1、472回（更新中）
植杉家の暮らしかた

はじめに

本書を手にとっていただき、ありがとうございます。
退職後、夫婦共に趣味のひとつだったゴルフを楽しもうと、毎日の生活習慣を見直し、健康管理をすることにしました。年齢とともに起こる筋力・運動能力・認知能力の低下を少しでも緩やかにするため、特別なことではなく毎日の生活の中でできることを二人三脚で続けてきた結果、夫婦揃って、健康。今でも一緒にラウンドを楽しんでいます。

都市部にお住まいの方には、ゴルフは時間もお金もかかる贅沢な趣味ですが、わが夫婦が暮らす人吉（熊本県）には、ゴルフ場も複数あり、平日シニア会員ともなればとてもお手軽にラウンドできます。わが家では、「ゴルフにお金がかかったとしても、病気になって入院するより安い」と割り切り、「ゴルフをしたいから健康管理をする、健康だからゴルフができる」というよいサイクルをつくってきました。

長年生きていますから、怪我や病気をすることもあります。そのときも、「またゴルフがしたい」との思いを胸に治療やリハビリを行いました。そんなアクシデントに、私たちがどのように対処してきたか、加えて私ども夫婦の歩んできた道のり、さらに以前、週刊ゴルフダイジェストに掲載されました「エージシュートの女房です」というタイトルの連載記事も、加筆修正し、本書でご紹介させていただいています。

ゴルフを軸としたわが家の暮らしぶりの中に、皆さまの健康長寿のお役に立つ内容が少しでもあれば幸いです。

2020年春

植杉　乾蔵
植杉千枝子

エージシュート記録 1、472回 植杉家の暮らしかた／目次

第4章 常に自らの体調に気を配る生活習慣、それがあるから、乗り越えられました ～私どものアクシデント克服ヒストリー～

装丁／三浦哲人
編集協力・構成／岩原明子
カバー・本文イラスト／溝口イタル
組版／スタジオパトリ

「いつまでもゴルフを楽しく続けるために」

目的がはっきりしているから、できることです。

〝食〟〝生活習慣〟〝健康法〟……いいとこどりをどうぞ

第1章

皆さまにも役立つこと、たくさん。植杉家の日常生活、いかがですか？

～私どもの暮らしかた　その1

「楽しいゴルフ生活のために」植杉家の約束事の基本です

週刊ゴルフダイジェスト誌上で「エージシュートの女房です」を連載させていただいたころ、ケンゾーさんは86歳から89歳。連載途中でうれしいエージシュート1000回を達成したのも、いい思い出です。開始当初は「86歳。エージシュート689回」でした。「100歳1000回」を目指し、100歳になってもゴルフを楽しめる健康維持のための、さまざまな健康習慣を実践するようになっていったんです。

会社を定年退職したケンゾーさんが、ゴルフのお誘いをすべて断らずにいると、スケジュールはほとんどゴルフです。ケンゾーさんも最初は元気でしたが、70代になってからは、体力が落ちていることを痛感。折しも健康診断で、中性脂肪、悪玉コレステロールで悪い数値が出ました。

※編集部注：この章は平成22年10月〜平成25年4月まで週刊ゴルフダイジェストに連載された「エージシュートの女房です」を抜粋。大幅に加筆修正しました。文章の語り手は千枝子さんです。

私は看護師で栄養学も学び、調理師の資格もありましたので、このままではいけない、「薬に頼らずに数値を下げよう」と決意したのです。

それには何よりまず食生活。毎日30品目の食材を効率よく摂取できるように献立を考え、栄養のバランスに配慮し、さらに味付けも薄味に変えました。もともと甘いものや濃い味、油ものが好きだったケンゾーさんは「塩抜き砂糖抜き料理」と言いましたが「家で食べるのはおいしい料理ではなく健康のための栄養。おいしい食事はプロの料理で。元気でゴルフを続けるためよ！」と言うと、おとなしく食べてくれました。今でも「ゴルフを楽しく続けるため」私の出した料理を文句を言いながらもしっかり食べてくれます。食生活以外にも植杉家には楽しくゴルフをするために実践していることが数多くあります。ちょっと厳しく聞こえるものもあるかもしれませんが（私は「自称・鬼嫁」です・笑）、皆様のお役にも立てそうなものをいくつかご紹介していきたいと思います。

イリコ、海藻、くだもの……ミキサーが大活躍します

日ごろから食事に気を配っているわが家では、ミキサーが大活躍します。普段、味噌汁や鍋、煮物などを作るときの出汁はイリコから取るようにしていますが、骨折などの怪我防止に欠かせないカルシウムをより多く摂取するには、出汁を取った後のイリコも食べてもらいたいものです。しかし、ケンゾーさんは出汁を取った後のイリコがあまり好きではないうえに、3分の1が義歯なので固い食感のものをあまり好みません。

そこで考えたのが「ミキサーの活用」です。食材を細かく砕いてくれるミキサーなら、イリコも顆粒状にできます。それをスプーン1～2杯、味噌汁や煮物、鍋物に投入します。これでイリコの苦手なケンゾーさん

も、知らないうちにしっかり食べて、栄養を摂ることができるというわけです。連載当時は内緒でやってていました。記事になってしまったため、今はすっかりばれてはいるものの、素直に食べてくれる毎日です。

イリコ以外にも、サラダに入れたときに「固くて噛み切れない」と海藻類を残してしまうことが多かったのですが、海藻はビタミンやミネラルを得るために大切な食材です。乾燥わかめを顆粒状にしてふりかけのように使うなど、けっこう乾物相手にもミキサーは活躍します。

そのほか、２人では食べきれないくらいいただく季節の果物や野菜は、ミキサーでペースト状にして小分け冷凍で保存します。そのままシャーベットとして食べてもいいし、ヨーグルトのトッピング、溶かしてジュースなど活用法は多く、とても便利でおいしいです。ジャムのように砂糖を多く使わないで済み、素材本来の新鮮な味と栄養分を簡単に補給できるフルーツペースト。ケンゾーさんもお気に入りです。

初体験や新しい出会い、好奇心も大事です

あれは88歳のころだったでしょうか。知人が経営する大阪のゴルフ練習場の見学に行きました。エージシュートボードがあり、達成者と達成間近な方の直筆の名札が貼ってあります。「皆さん、頑張っていらっしゃる」と思いながら見学していると、打席後方にイスがたくさん。すると練習していた人たち、30人ぐらいが私たちの方に集まってきてイスに腰掛けます。「何だろう?」と思っているうちに、夫婦で面前に出されて質問攻め。まるで優勝インタビューのようで、ケンゾーさんも照れ笑いを浮かべています。皆さん熱心で、楽しい意見交換会ができたのですが、帰り際、練習場の方から色紙にサインをお願いされました。「書いたことがないから」と言いながらも小さく、人生初のサインをし

たケンゾーさん。しかし、それ以来、なぜかご一緒した方からスコアカードにサインをお願いされることも増えました。「サインも練習せんとね！」と私に冷やかされながら苦笑いのケンゾーさんですが、字を書くことも、脳が刺激を受けますから、植杉家でいうところの、「元気で長生きするためのリハビリ日常生活」の一環と考えられます。

サイン初体験以外にも、過去のタイ旅行で、年齢と出発直前の体調不良を同行者から聞き、気を利かせた職員の方が用意してくれた車いすで空港内を移動させてもらったこと、同じくタイでトラックの荷台を使う乗り合いタクシーに乗ったこと、など「これも人生経験のひとつ」と最初はしぶしぶでも、最後は好奇心満々で、新しい出会いに胸をときめかせてきました。こうした初体験、新しい出会いに好奇心をもって気持ちを積極的に動かしていくこと。こうしたことも、健康長寿の秘訣なのかもしれませんね。

白砂糖の代わりにミカンのハチ蜜大活躍

ケンゾーさんは、生家が和菓子屋だったこともあり、かなりの甘党です。糖分は体のためには必要な栄養素ですが、摂りすぎは反対に害になりますから、わが家では、摂り方と量に気をつけています。

具体的な対策は、甘味料としてハチ蜜を使うこと。ハチ蜜は、ご存じのとおり、ミツバチが花の蜜を集め巣の中に蓄えます。天然の素材から作られるため、栄養成分の種類は白砂糖より多く含まれてもいます。シンプルにパンに塗る以外にも砂糖漬け、煮物といったまろやかさや照りを出す料理では大活躍。

もちろん料理によっては、調味料が白砂糖の方がよい場合もあるため、何が何でも白砂糖を使わないというわけではありませんが、できる限り甘味はハチ蜜から摂るようにしています。

わが夫婦は、皆さんが驚かれるほどのハチ蜜党で、使用量も2キロの瓶を年間4本以上、8キロになるほどです。お気に入りは40年以上指名買いをしている、私が熊本大学付属病院に勤務していたときの同僚に「友人が嫁いだ玉名市天水町のみかん園の天然ハチ蜜（ミカン蜜）がおいしいんですよ」と紹介されたもの。薦められるままに食べてみたところ、味と香り、舌触りが抜群で「これはよい！」と感じて以来、わが家のキッチンのレギュラー選手になっています。

毎日のビタミン補給が欠かせないと考え、ラウンドにも常備するレモンのハチ蜜漬け作りでも、このミカン蜜は重宝。よく浸透しできがよくなります。夫婦そろって血糖も正常、肥満もないので、トーストやホットケーキに塗ったり、ヨーグルトに入れたり、ショウガ湯、レモン湯、紅茶に加えたりと、さまざまに活躍してくれる優れものです。

緩めのグリップで手のマメ知らず

スポーツをする人の多くは、手や足にマメやタコができるという経験があると思います。

これは道具によって皮膚の同じ部分に強い力の刺激が与えられ、皮膚が炎症を起こして赤くなり、それを繰り返すことで固くなるものです。マメやタコはスポーツに限りません。今は、キーボードですから、そんなこともないのかもしれませんが、昔は中指、人差し指といったところに「ペンダコ」がある学生さんも多かったですよね。

あそこまでゴルフが大好きで、ゴルフ三昧と言っても過言でないような生活を送るケンゾーさんですから、いわゆる「ゴルフダコ」と呼ばれるもののひとつや二つありそうなものですが、実はまったくありません。

聞くと、ゴルフを始めて2～3年は手にマメができたことがあったらしいのですが、その時期を越えたら、マメができることはなくなったのだそうです。ラウンド後にケンゾーさんと握手した人からは、異口同音に「女性の手みたいですね」という言葉が返ってきます。柔らかくすべすべした手のひらだからです。

本人の言うところによると「マメができないようにと注意しているわけではないけれど、グリップの握りを緩くしたときからマメができなくなった」とか。

グリップは誰かがクラブを引っ張ったら、簡単に抜ける程度の緩い握りにして、パターのグリップは、少しだけしっかり握るのがケンゾーさん流。緩くしたら上達したそうです。

ちなみに、ケンゾーさんも私も防寒対策と日焼け防止を兼ねて、両手にグローブをはめてラウンドしています。

いくつになっても肉食夫婦
高齢者こそ、良質のタンパク質

わが家は2人とも大の肉好き「肉食夫婦」です。メニューには、ほぼ毎日、肉が並びます。鶏、豚、牛と冷凍庫に保存してある食材をローテーションでメニューに加えますが、調理法は、基本的に塩は使わず、その他の調味料（酢、みそ、醤油など）で、甘味が必要なときは、砂糖ではなくハチ蜜を使うなどの工夫をしています。

先日、テレビで90代のピアニストの方の食事が紹介されていましたが、若いころのサーロイン中心のセレクトがヒレステーキにチェンジし、脂身は控えるようにこそなったものの、基本とする「肉中心で野菜も食べる」というスタンスは変えていないというお話でした。肉食の理由は、野菜ばかりの食事では長時間演奏するときにスタミナ切れになるのか、

肉を食べたときに比べて力が出ない気がするからだそうです。

これはわが家の考え方にも共通するものがあります。一般に「高齢者になったら肉はあまり食べないほうがいい」と考えている方が少なくありません。しかし、健康な生活を送ろうと思ったら、適度な油分を摂ることも大切だと思います。若いときに比べて代謝が低くなってはいますから、脂質異常には注意が必要ですが、網焼きや湯せんなど脂を落とす調理法を心がけながら、もりもり食べ、肉や魚の良質なタンパク質を摂取します。

タンパク質は筋肉をつくるのに欠かすことのできない栄養素です。筋力が低下する私たち高齢者こそむしろ多く摂る必要があるのですね。

筋力に限らず、すべての機能が衰えていく高齢者こそ、魚や肉から良質のタンパク質を摂り、ビタミン、ミネラルなどをバランスよく補給することが大切でしょう。そうして筋肉に栄養を届けたら、ラウンドで筋力を鍛える。摂取した食べ物は、運動するためのエネルギーに換え、使い切ればいいと考えています。ケンゾーさんは大好きな肉から筋肉維持のための栄養をしっかりと摂り、翌日のラウンドで筋力を鍛えながら摂取したエネルギーを使い切りますから、肉食でも肥満とは無縁です。

わが家では「家では栄養重視。おいしい食事はプロの作ったものを外食で」というルールがありますから、外で食事するときは徹底的に味重視。互いの誕生日、結婚記念日、クリスマス、お正月は外食か家に届けてもらうかの差こそあれ、プロが作ったおいしい食事を食べると決めています。記念日が近づくと「何を食べようか?」と相談を始めますが、そこは「肉食夫婦」ですから、結局「肉を食べよう!」となります。実は、ケンゾーさんが90歳をとっくに過ぎた最近でも、焼肉屋さんでいろいろ珍しい部位を紹介されて、コースではなくアラカルトの注文に、ちょっとはまっているところなんですよ。

植杉家直伝
エージシュートの
狙えるレシピ❶

高齢者こそ〝肉食〟で食事の質向上

健康生活には、筋肉のもととなるタンパク質の摂取が欠かせない。高齢だからこそ、「量より質」の賢い食生活でゴルフのスタミナ補給。

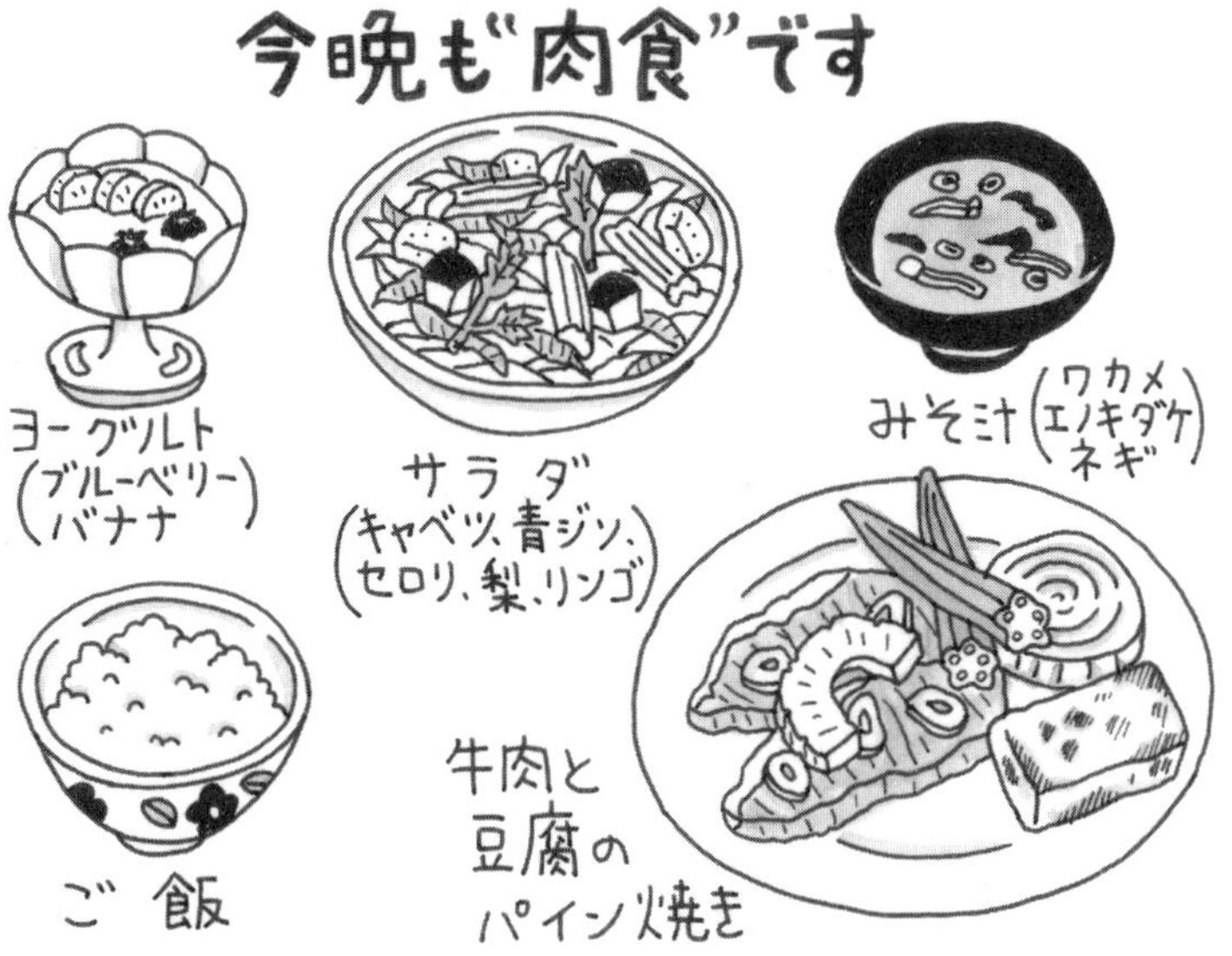

「牛肉と豆腐のパイン焼き」

材料：牛肉、豆腐、玉ネギ、オクラ、パイン缶詰、サラダ油、ニンニク、塩・コショウ

①肉に塩・コショウをふる。

②豆腐は２等分して２センチの厚さに、玉ネギは1センチの厚さに輪切り、オクラはサッと塩ゆでする。

③フライパンにサラダ油大さじ２を入れ、スライスしたニンニクを揚げて取り出す。

④牛肉、豆腐、玉ネギ、オクラ、パインを両面焼いて塩・コショウする（好みで焼き肉のタレをかけてもおいしい）。

背筋は体の大黒柱 健康長寿も飛距離アップも

ケンゾーさんは、剣道の経験があることも幸いして、もともと姿勢がよいほうです。ゴルフのスウィングをするときにも、よい姿勢でいればフォームもよくなり、球も遠くに飛びスコアアップにつながる。そう考えてラウンド中は、自分でも意識的に姿勢を正しているようです。

そもそも「正しい姿勢」とはどのようなものでしょうか。医学的な正しい姿勢の条件は、後ろから見たら立ち姿が左右対称になっており、横から見たら、首が前方、肩甲骨あたりが後方、腰が前方にそれぞれ湾曲してS字にカーブしていること。それが理想と言われています。

正しい姿勢で生活することで、年齢よりも若く、実際より背が高く見えますし、さっそうとして健康的な印象になります。

姿勢で精神面も変わってきます。背中を丸めたままだと、なんとなく暗い気持ちで物事を悪く考えがちですが、シャキッと背筋を伸ばすと、明るく前向きな気持ちになれるものです。

ラウンド中、正しい姿勢を心がけているケンゾーさんですが、やはり後半になると、疲労や集中力の欠如からか、老人の姿勢になってしまうことがあります。そんなときはすかさず、私が「姿勢を正して！」と声をかけます。日常生活でもお互い気づいたほうがすぐに注意します。

常に姿勢を正しているためには、日常のちょっとした工夫や注意、さらに根気と努力も必要ですが、特別な運動をするわけでもなく、心がけ次第で、だれでも実践可能なこと。姿勢を正しくすると、血液の循環がよくなり、代謝もよくなります。手足の冷えも防げるし、内臓の働きも活発になるはず。健康長寿と飛距離アップの一石二鳥を、ちょっと意識付けすることで実現できたらうれしいですね。

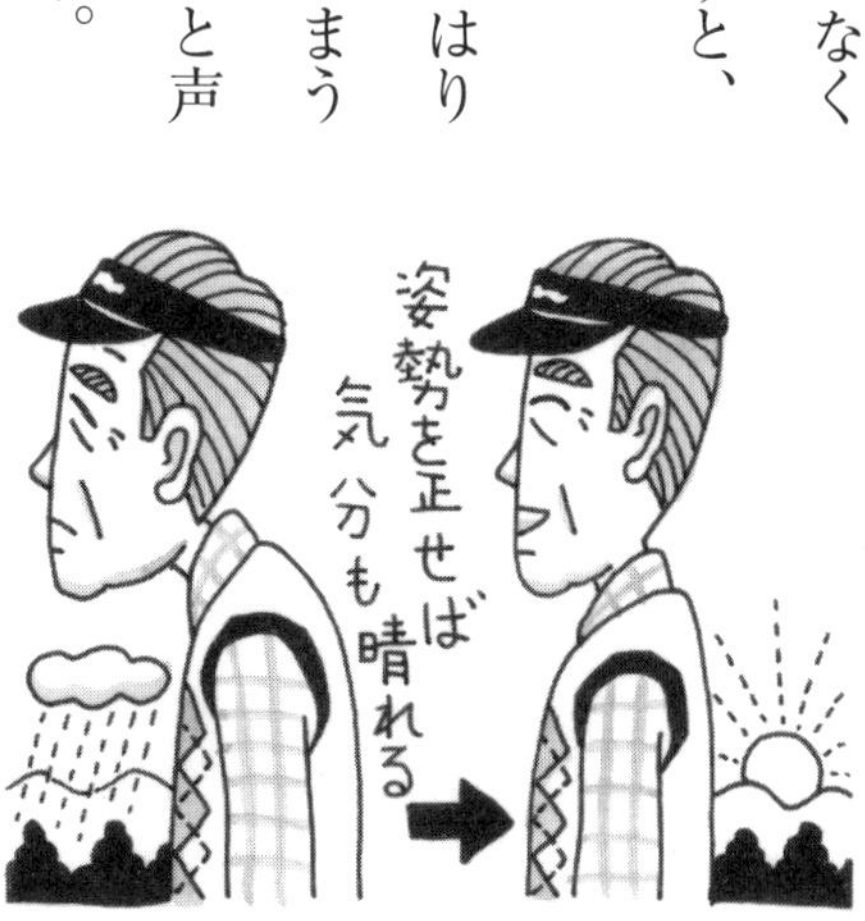

諦めずに最後まで。頭と体の〝リハビリ〟です

当時参加した、鹿児島県の溝辺カントリーで行われた「九州シニアゴルフ大会・スーパーグランドシニア（80歳以上）の部」のことです。ケンゾーさんは、前半40。後半は10番、11番でバーディを取り好発進も、途中、2オン5パットでトリプルボギーという大荒れホールがありました。それでも、18番をバーディで締めくくり38で上がって、トータル78。88歳のエージシュートを達成し、優勝。結果的には、好成績で、7年前にもこのゴルフ場で優勝しているため「相性のよいコース」と喜ぶケンゾーさんでしたね。

しかし、上がってみれば上々のスコアとなったものの、この日は好不調の波があるゴルフ。ラウンド後、ケンゾーさんについてくれたキャデ

ィさんから「ギャラリーがいないところでは大叩きしてスコアを崩したのに、ギャラリーが多いホールではナイスショットで見せ場をつくるなんて、さすがですね」と、からかいともつかぬほめ言葉を頂戴し、ケンゾーさんは苦笑い、周囲は大笑いでした。

「スコアのことはあまり考えずに、マイペースで楽しいゴルフ」を心がけるケンゾーさんですが、無意識のうちに「人前ではひどいプレーはできない」と思ってしまい、それが好結果につながることもあれば、失敗してしまうこともあります。ただ、結果はどうであれ、そのあとのホールにどう対処するか。今回は5パットしても諦めずに最終的には70台で回ることができました。高齢になると、うまくいかないことはすぐに諦めがちですが、最後まで諦めずにやり遂げることは、頭と体に好影響を与えます。「いつまでも健康長寿」を実現するための「リハビリゴルフ」に、この日もなっていたはずです。

楽しいラウンドのためにも日頃から血圧はチェック

わが家の夫婦は、血圧が低め。ケンゾーさんの70歳ごろの血圧は上110、下60前後、私は上90〜100、下50と、植杉家の血圧計が壊れているのかと思うほど、低い値でしたが、病院で計測しても結果は同じ。わが家の血圧計の問題ではなかったようです。

私は若いころから、ときどき立ちくらみ、ふらつきなどが起こることがあったのですが「血圧が低すぎるせい」と思い当たりました。ケンゾーさんも加齢につれ、少しずつ数値は高くなりますが、元来、低めの体質なのです。

わが家は低血圧症状の予防対策として、日常生活では、急に立ち上がらない、寝ている状態から急に体を起こさない、長時間立ったまま同じ姿勢でいることはしないように心がけています。フラッときたら、すぐに頭を下げる（低くする）ことも大切ですし、起床時には上下肢を動かすなどして、起きるという事実をいったん体に意識させてから起き上がるようにもしています。枕は低めのもので、頭を低くし足を高くして休みますし、水分をこまめに摂取することで、血液がドロドロにならぬような予防も欠かしません。

高血圧に比べ、低血圧のほうが危険度は少ないとはいうものの、ラウンド時に気温が高くなると、血流の関係で血圧が急に下がってしまうこともあります。めまいやふらつきを感じたときは、脱水症状の可能性もありますから、軽く考えずに、ラウンドを中止してハウスに帰るか、木陰などで頭を低く足を高くして血流を戻す体勢で様子を見ます。

一方、加齢とともに血圧は上昇する傾向があるという事実を踏まえて、日常生活では食事の塩分制限を徹底しています。食材はそのものにうま

みの強い新鮮素材を用いて、味付けはしっかり出汁、酸っぱさや辛さでアクセントをつけ、基本は薄味を徹底。塩分での味付けは最小限にして、香ばしさなどで工夫した薄味料理を楽しんでいるのです。

ちなみに、普段、血圧が高い傾向にあるゴルファーの注意したい点として、朝食と水分摂取、ストレッチなど準備運動、寒暖には衣類で対応し、飲み物も季節に応じて温かいもの、冷たいものを飲み分ける。ラウンド中は急に走り出さない、スコアに一喜一憂せずストレスを感じたり興奮しない、ラウンド後も熱いお風呂は避けるなどが挙げられます。

日常生活において、高血圧にしても、低血圧にしても自分の普段の血圧の数値をつかんでおくことは大切です。自分の数値とそのときに現れる傾向など、体調をしっかりと把握し、異常を感じたときには早めに対処する自己管理。それを徹底すれば、いつまでも健康で楽しく毎日が送れますし、楽しいラウンドも続けられると思います。

植杉家直伝
エージシュートの
狙えるレシピ❷

カルシウムは牛乳の2倍

キクラゲはヘルシーで栄養価の高い優等生。カルシウム以外にも、ビタミンDは食品中1位、鉄分はレバーの3.5倍などなど大活躍。

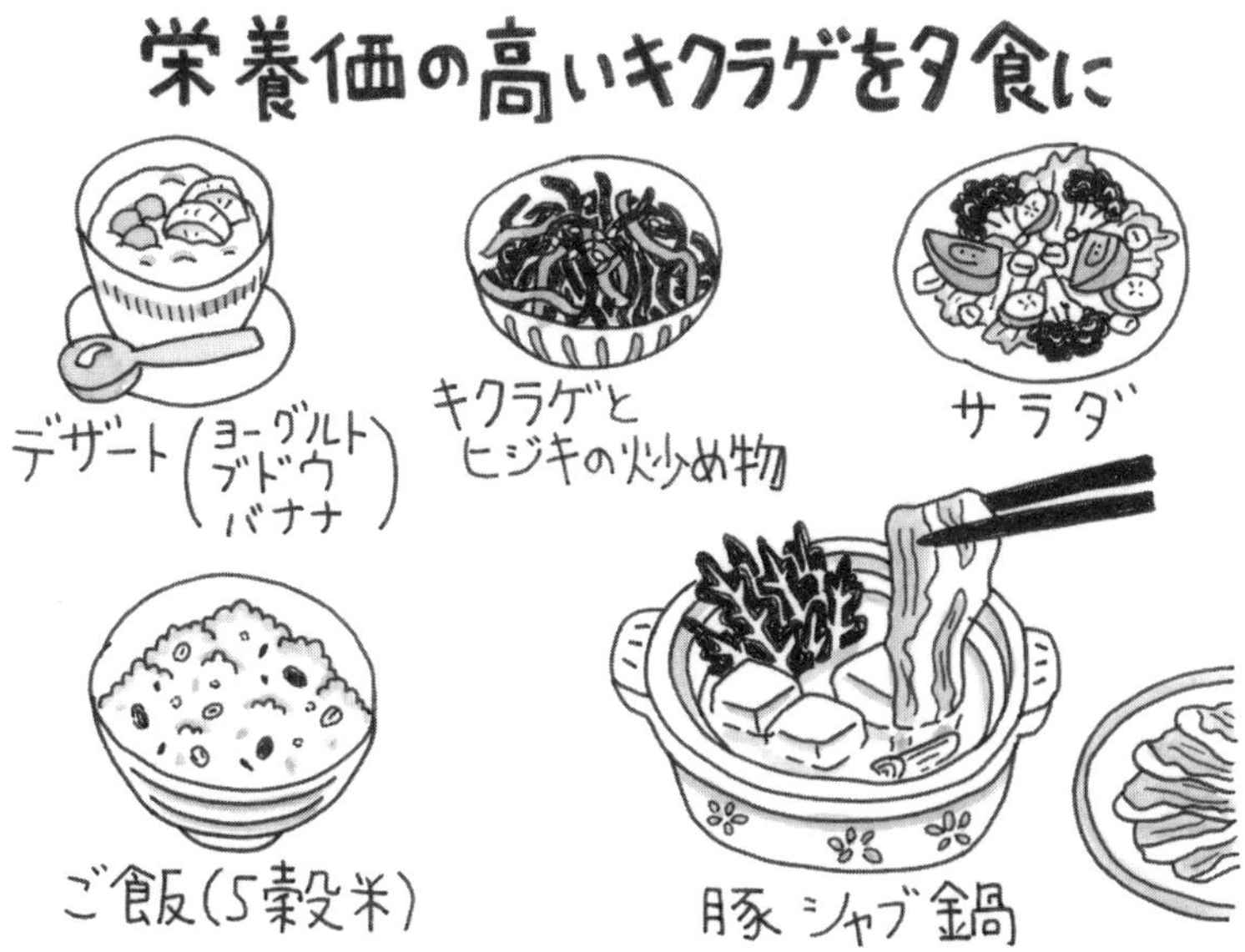

「キクラゲとヒジキの炒め物」

材料：キクラゲ、ヒジキ、サラダ油、炒りゴマ、しょう油、砂糖
①キクラゲとヒジキは水でもどす。キクラゲは千切りにする。
②サラダ油でキクラゲとヒジキを炒め、しょう油と砂糖で味付けをして炒りゴマを振りかける。

こたつで冷凍ミカン
旬の栄養を適度に摂取

旬の食材を摂取していくことが、健康にはとてもいいことなのは確かです。たとえば旬の果物には、その季節の体調管理に必要な栄養素が多く含まれています。秋でしたら、洋ナシ、柿といった旬の果物には夏バテなどで弱った体の疲労を回復する効果があります。冬のミカンやイチゴはビタミンCを多く含み、風邪の予防効果がある季節の食材です。

わが家では健康長寿のラウンドの栄養源として、1年中、果物からビタミンなどの補給ができるように考え、旬の果物を冷凍保存しています。柿はミキサーでピューレ状にして、きれいに洗った卵の容器に流し込んで冷凍。イチゴも柿同様にピューレに。種なしの巨峰は皮をむきそのまま冷凍します。

これらをヨーグルトに入れたり、そのまま食後のデザートとして食べたりすることで、毎日適度に旬の果物から、栄養を摂っているのです。栄養素は、摂りだめというわけにはいきません。毎日消費するぶんだけをきちんと摂ることが必要で、一度にたくさん摂っても意味がないのです。冷凍保存は「毎日適度に」旬の栄養が摂れるため、とても便利ですし味も損ねません。ケンゾーさんの健康も今日の冷凍技術の進化によるところが大きいですね。

ある年の年末、知人から甘くておいしいミカンをたくさんいただいたので、小ぶりなものは皮をむき、ラップを敷いたトレイに並べて冷凍してみました。凍ったミカンはそのままでも噛めるし、糖分が多いので包丁で切りやすいように固まります。暖かいこたつでおいしくビタミン補給することができて重宝しました。

1000回達成で肩の荷が下り「ゴルフはメンタル」を実感

平成25年1月14日、関東地方に大雪が降っているころ、89歳のケンゾーさんは、地元熊本の球磨カントリーを41・44＝85で回り、1000回目のエージシュートを達成しました。前日、999回を達成し、翌日、気負うことなく、前年球磨カントリーで開催されたコンペの優勝者、準優勝者が参加するグランドチャンピオン大会での達成です。「できました」と淡々とマイペース過ぎるくらいのわが夫婦とは対照的に、周囲の皆さんには大変喜んでいただき、表彰式では花束もいただいて感謝して終わったのですが、ケンゾーさんは「これで皆さんの期待に応える責任を果たせた」と楽になったのか、翌日も1001回目を達成。

一見、あっさりとした通過点に見えたものですが、やはり1000回達成前は、無意識のうちに記録へのプレッシャーがあったようで「突然ゴルフができなくなったら大変」と、ラウンド、日常生活と、それまで以上に怪我や病気の予防に神経をとがらせ、慎重に過ごしていましたね。実は、その年、ケンゾーさんは1000回達成後、絶好調で2月には、86歳以来3年ぶりの1オーバー73のラウンド、さらには5回目のホールインワンなど、よい意味で全身の力が抜けたらしく、毎回、リラックスしたゴルフが楽しめての好結果。つくづくゴルフは、メンタルが大切だと感じた次第です。

その年、3月には1000回達成記念コンペを開催。当日まであれこれと気をもみましたが、晴天にも恵まれ、地元・人吉の皆様をはじめゴルフを通じて親交のある方が全国から駆け付けてくださり参加者は146名。祝勝会まで大いに盛り上がり楽しんでいただき、私も「エージシュートの女房」として、ホッと肩の荷を下ろしたことを覚えています。

ケンゾーさん {エージシュート・節目の記録}

回数	年齢	年月日	スコア	コース	備考
1回	71歳	H 7年 8月 1日	71(36・35)	**熊本GC湯之谷**	熊日サーキット
100回	79歳	H15年 3月21日	78(40・38)	**球磨カントリー**	ブリヂストン杯
200回	81歳	H17年 5月10日	80(40・40)	**チサンC人吉**	シニア会
300回	82歳	H18年11月 3日	79(41・38)	**球磨カントリー**	秋収穫祭杯
400回	84歳	H20年 4月17日	76(36・40)	**生駒高原小林**	レディース・55
500回	85歳	H21年 5月17日	77(40・37)	**球磨カントリー**	月例杯
600回	86歳	H22年 3月14日	79(38・41)	**チサンC人吉**	月例杯
700回	87歳	H22年12月14日	80(42・38)	**チサンC人吉**	シニア会
800回	87歳	H23年 8月28日	85(41・44)	**球磨カントリー**	GD社取材
900回	88歳	H24年 5月26日	79(43・36)	**球磨カントリー**	分科委員会
1000回	89歳	H25年 1月14日	85(41・44)	**球磨カントリー**	グランド チャンピオン
初エージシュート後、18年間で1000回達成!					
1100回	89歳	H25年10月10日	88(44・44)	**球磨カントリー**	愛媛会
1200回	90歳	H26年 7月30日	79(37・42)	**球磨カントリー**	シニア・ レディースデー
1300回	91歳	H27年 5月22日	80(38・42)	**熊本クラウン**	シルバー会
1400回	92歳	H28年 3月 3日	92(46・46)	**球磨カントリー**	元気はつらつ会
1472回	94歳	H30年 9月22日	92(46・46)	**球磨カントリー**	サントリー 尾上杯

ケンゾーさんのエージシュートはノータッチ、OKパットなし。
競技、競技の練習ラウンド、コンペなどで達成。
達成コースは地元・熊本がもちろん多いが、国内外58コースに及ぶ

植杉家直伝
エージシュートの
狙えるレシピ❸

パンと納豆の意外なハーモニー

納豆、オクラでタンパク質、ビタミンA&C。塩こんぶでヨード、ミネラル補強。単品ではシンプルでも、パン食の朝メニューで放たれる存在感。

「納豆とオクラの塩こんぶ和え」

材料：納豆、オクラ、塩こんぶ
①納豆に輪切りにしたオクラと塩こんぶを入れ、かき混ぜる。

納豆に青のりやアオサをたっぷりと混ぜてパンにのせる「海藻納豆パン」もケンゾーさんはお気に入り

ゴルフツアーの観戦で上達はもちろんボケ防止も

健康長寿のためのラウンド以外に、ゴルフのツアー観戦もケンゾーさんのライフワークになっています。とくに毎春恒例のイベントが、熊本県内で開催される女子ツアー（試合名こそいくつか変わっていますが）の観戦。わが夫婦は目当ての女子プロを一日中、追いかけるのではなく、なるべく多くのプロのショットやショートゲームを観ることにしています。初めて観たのは高遊原《たかゆうばる》のゴルフ場でした。3月初旬の肌寒い日でしたね。最近は会場が熊本空港カントリーに変わり、4月に行われるようになりました。

2人でだれが優勝するか予想し、選手たちの色とりどりのゴルフウェアを観るのも楽しみですね。ケンゾーさんは、ギャラリープラザのお弁当も楽しみ。家では栄養を重視した食事をしているケンゾーさんにとって、さまざまなおかずが彩りよく飾られたお弁当は、家の食事よりも、ちょっぴり味も濃く、魅力的なようです。さらに目の前で大好きなプロのショットが観られるのですからいうことなしですね。

もちろんテレビ観戦も欠かしません。毎週、日米男女ツアーの放映があれば、必ずビデオ録画してチェックしています。大画面テレビのリモコン片手に、気になるプレーがあると巻き戻し何度も再生。「これはすごかね！」などと細かなプレーを楽しみ上達につなげているようです。

会場での観戦は、ラウンド以上に運動になりますし、プロのプレーに刺激を受け頭も使います。テレビ観戦も、一流プロのプレーを見ながら「自分にもできる技術はないのか」「次はどのような攻め方をするのか」などと考えながら観ることが脳の活性化、ボケ防止につながりますから、私も何も言わずにケンゾーさんのやりたいようにしてもらっています。

ゴルフ日記に道具の手入れ几帳面なケンゾーさんです

以前、野球選手がバットを抱いて寝ているという話を聞いたことがあります。神頼みならぬ道具頼みでしょうか。ケンゾーさんも抱いて寝るというところまではいきませんが、やはり道具を大事にします。たとえばラウンドを終えた日は、家に戻るとすぐにその日使用した道具の確認をして、クラブや靴をていねいに掃除し、磨きます。実は、自分の手入れを終えると、私の分も磨いてくれます。ですから、ラウンド後の夕方は、私は洗濯や夕飯の支度、ケンゾーさんは黙々とゴルフ道具の手入れというのがわが家の風景です。

ケンゾーさんは「その日使った道具は、その日のうちに汚れを落とす。手入れをするまでがゴルフ」と言います。すっかり習慣になっているため、掃除をさぼると逆に落ち着かないのだとか。どんなに疲れていても楽しそうです。ここばかりは私が口をはさめることはありません。

元来、几帳面なケンゾーさん。一般に言われている血液型A型の特徴が出ているようで、道具の手入れ以外にも、「ゴルフ日記」をずっとつけています。同じ日付に5年分書き込める「5年日記」を愛用しており、そこに毎回、ラウンドした仲間の名前、自分の成績、感じたこと、反省などをこまめに記載しているのです。

今でこそ、エージシュートの記録は私がパソコンで管理していますが、整理し始めたときに過去のものはこのゴルフ日記がベースになり、ケンゾーさん自身は今も日記をつけています。

道具をラウンド後にきちんと手入れし、次のラウンドに備えるとか、ゴルフ日記を几帳面につけるといったことは、頭と体のリハビリにつながり、老化を防止するひとつの方法となっているようです。

今日はサイジツ！　菜食の日
献立は野菜と海藻のみです

わが家は大の肉好き「肉食夫婦」であることはすでに書きました。高齢者ほど、良質のタンパク質が必要であり、そのためにも積極的に肉食を採り入れています。

しかし、そんな「お肉大好き！」の植杉家ですが、実は月に1～2回、夕食の献立が野菜だけの日を設けています。その理由はひとつではありません。食事会や宴会といった外食が続いて野菜不足と感じるときもあれば、旬の新鮮な野菜がたくさん手に入った、というある意味、ポジティブな理由のときもあります。

いずれにしても、その日は食材として動物性タンパク質のものを一切使わず、野菜と海藻だけを使ったメニューがあれこれと食卓に並ぶことになるのです。

わが家では、この日のことを「菜日」と名付けています。読み方は「サイジツ」です。最初のころは「今日は菜日料理ですよ」というと、「あれ、今日は何の祭日だっけ？」と勘違いしていたケンゾーさんですが、いまは「ときどきはいいよね。体もたまには肉中心の食事から変化を求めるのかな。別に違和感はないよね」と「菜日」大歓迎です。人間は必要なのに足りないものを食べたくなるということもあるそうですから、違和感なく受け入れられるということは、体が野菜不足を感じているのかもしれません。

食材はすべて野菜ですが、けっこうバリエーションをつけることはできます。主食のご飯は山菜おこわ、あずきやグリーンピースの豆ご飯、野菜を具材にした手巻き寿司などがラインナップされます。

主菜は豆腐や厚揚げ、こんにゃく料理が活躍します。副菜は納豆、野菜のごま和えや酢味噌和え。汁物は味噌汁、具沢山のケンチン汁（そういえばわが家ではケンチャン汁と呼びます）、お吸い物。ときにはお祭り料理の定番、人吉名物で野菜たっぷりのすまし汁であるつぼん汁（63ページにレシピがあります）が並んだりします。

それだけでは終わりません。サラダは野菜サラダか海藻サラダ。デザートはいつものヨーグルトではなく、みつ豆や果実ゼリーといった感じで献立に変化をつけたりもします。

いかがでしょう？　こうして並べてみると、食材が野菜、海藻だけの「菜日料理」でも、主菜、副菜、ご飯、汁物、サラダ、デザートと組み合わせて、けっこう豪華ですよね。野菜摂取という目的を考えたら、栄養的なバランスもとれています。一度、ご自宅で試してみていただくのもいいかもしれません。

植杉家直伝
エージシュートの
狙えるレシピ❹

食材は野菜だけでも意外と豪華

宴会や外食続きで野菜不足。そんなときは「菜日メニュー」。品数多く、バランスよく。豆腐のステーキは、十分メーンの満足感。

「豆腐のステーキ風」

材料：木綿豆腐、キャベツ、人参、細いアスパラガス、ニンニク、
マーガリン、オリーブ油、小麦粉

①豆腐は水切りし、2等分して2センチの厚さに切り、小麦粉をまぶす
②フライパンにマーガリン、オリーブ油各大さじ1を入れ、スライスしたニンニクを炒めてから①を焼く
③キャベツはザク切り、人参は千切り、細いアスパラガスは5センチくらいに切り、①を焼いた後に炒め、軽く塩、コショウで味付けする
④皿に③を敷き、②をのせて焼き肉用のタレをかける

悪い姿勢を正した生活でポッコリお腹の解消を

顔や手足が細いため、体型的にはやせて見えるケンゾーさん。実際に肥満ではないのですが、実はお腹周りだけ、ちょっとポッコリのメタボ予備軍で、ゴルフ場のお風呂場でびっくりされることもあると聞きます。本人もそれを気にしているようで、私の知らないうちにテレビの通販番組で「腹筋運動座椅子」なるものを購入してしまったことさえあるほどです。

原因は、皮下脂肪が腹筋より多いか、筋力不足でお腹周りを引き締められないためと考えられます。「ゴルフでこんなに運動しているのに、お腹だけはちっともへこまない」と気にされている方が多いようですが、脂肪を腹筋に変えなければポッコリは解消されません。

本来、腹筋運動で筋肉を鍛えるべきなのですが、ケンゾーさんにはそれが難しいようなのです。日々、ラウンドに備えて四股を踏んだりスクワットなどをして筋力強化に努力しているケンゾーさんですが、腹筋運動だけは大の苦手。例の「腹筋運動座椅子」も簡単に鍛えられるといううたい文句にひかれ注文してしまったようですが、結局、三日坊主。

そこで姿勢を正すことでポッコリ防止を心がけることにしました。ケンゾーさんは普段、お腹の力を抜いてダラリとしがちです。ラウンドで歩くときにも、高齢者特有の前傾姿勢になってしまうことがあります。そんなときには私が「姿勢は?」と声をかけます。ラウンド中以外でも、食事中やテレビを観ているようなときにも「姿勢曲がり気味ですよ」とチェックを入れます。「ああ、また変な姿勢になっていたか」とケンゾーさんは苦笑い。常に意識的に腹筋を引き締めた生活で、ポッコリお腹の解消を心がけています。

歯が痛いときの栄養補給は〝ハイカラ〟柔らかメニュー

誰しも年齢を重ねることで、関節痛をはじめ、体のさまざまな部位にトラブルが起こるようになりますが、そのひとつに「歯」があります。

長年、使い続けた歯は、食いしばる、噛むなどの負荷を受けたり、虫歯や歯周病など、さまざまな原因で弱くなります。するとあたりまえですが固いものが食べにくくなり、おかゆやよく煮込まれたうどんのような系統の柔らかい食物ばかりを食べることになりがちです。

しかし、それでは栄養が偏りやすく健康維持という面では悪影響となることもありますから、やはり、いくら柔らかい食事でも、必要な栄養素はしっかり摂ることが大事です。

年間多くの回数、ラウンドをするケンゾーさんですから、日常生活に加えて、ドライバーショットなどで無意識に奥歯をギュッと噛みしめる機会が多いのか、歯の健康管理は欠かせません。

いくら気をつけていても年齢が年齢です。元気にゴルフをしていようとも多少は歯も弱くなっているようで、ときどき「歯肉に痛みを感じる」とか「固いものが食べにくい」ということがあるみたいです。

こんなときわが家では栄養はしっかり摂れて、歯への負担が少ない柔らかメニューが活躍します。

たとえば肉類はシチューやスープに、サラダは材料をミキサーにかけて野菜ジュースにし、パンだったらフレンチトースト。果物はピューレ状にして、ゴマやナッツ類はすりつぶしてトッピングに。調理器具の力を借りて簡単にアレンジできます。和食よりも一見、ハイカラなメニューが、実は歯の負担が少ない栄養補給メニューなのです。

保湿、紫外線防止……とクリームが大活躍しています

空気の乾燥しやすい季節は火災に注意が必要になりますね。私たちの体にとっても乾燥は、注意しないといけないものです。一般的に乾燥の症状は皮膚関係、呼吸器関係が自覚しやすいものです。皮膚関係の症状は、全身の皮膚がかさつく、洗顔後、皮膚のツッパリ感がある、唇や手の甲がささくれたりぱっくり割れるなどが代表的でしょう。呼吸器関係では、のどがもやもやする、咳が出るといったところ。

ケンゾーさんも、湿度が低く乾燥しやすい冬場になると全身の皮膚がかさつく、唇が荒れる、つめの横が割れるといった症状が起こります。そこで乾燥対策は十二分すぎるくらいケアしています。入浴後は全身に保湿クリームを塗るのが日課。ゴルフ場で風に当たると唇が荒れるので

リップクリームを塗り、両手にグローブをはめて、つめの割れやささくれの予防をしています。

しかし、それでも割れてしまうことがありますが、そんなときはハンドクリームを塗ってから、割れた部分をバンソウコウで固定してラウンドするようにしています。

さらに早く治るように、寝るときにハンドクリームをたっぷりと塗ってから綿の手袋をして、就寝中の乾燥を防ぎます。60ページの眠りの項で記していますが、植杉家ではのどの保護のために就寝時には一年中マスクをしていますから、乾燥の時期には、マスクと手袋で完全な乾燥予防をしていることになるのです。

同時に、冬でも紫外線対策は必要です。ケンゾーさんはラウンドするときには年間を通じて、日焼け止めクリームとファンデーションを顔に塗っていますが、乾燥の時期はこれらに加えて、保湿効果のあるしっとりタイプの下地クリームを顔に塗り、肌の潤いを保つようにしています。夜は夜で栄養クリームを使ったスキンケア。ですから、日焼け止めとファンデーションだけの夏よりも冬場のほうがケンゾーさんの化粧品代は高くなってしまいます（笑）。

ケンゾーさんは「高齢になるにつれて、元気だった若いころの体力が懐かしくなるが、これは考えてもどうにもならないこと。でも老化現象は少しでも食い止めたい」と言います。

そのためならと、まるでモデルさんの美容法のように、入浴後、全身に保湿クリーム、顔に栄養クリームを塗り、寝る前にはハンドクリームを塗って手袋をはめるというわけです。

すべて、いつまでも健康でゴルフを続けるための「リハビリ生活」なのですね。

植杉家直伝
エージシュートの
狙えるレシピ❺

シチューといっても薄味で

とろみはつけずに、どちらかといえばスープに近いもの。一口大の野菜がごろごろ。ほんのりニンニクの香りで食欲がさらにアップ。

「具だくさん野菜シチュー」

材料：茄子、人参、玉ネギ、アスパラガス、トマト、じゃがいも、ニンニク、コンソメ、塩、オリーブ油

①ニンニクはスライスし、野菜は一口大（適当に）に切る。
②鍋にオリーブ油を熱し、ニンニクを炒めたあと、野菜を入れて炒める。
③材料がひたひたになるくらいに、コンソメを溶かしたスープを入れ、柔らかくなるまで煮る。

手軽、栄養満点、ポカポカ一石三鳥の鍋が活躍します

冬場はやはり熊本・人吉といえども厳しい寒さになることがあります。そんな寒い時期にも健康で元気に暮らすためには、食物で体を温めることも大切です。寒い時期になると温かい鍋を皆で囲んで食するという伝統的な日本の食文化は、理にかなっているわけですね。

わが家でも、寒い季節は鍋料理がたびたび食卓に登場します。鍋は体を温めるだけでなく、ひとつの料理で数多くの食品を摂取することができます。肉、魚、豆腐といったタンパク質、春菊、ホウレンソウ、人参などの緑黄色野菜、白菜、ネギ、大根、さらにはシイタケ、えのきだけ、まいたけといったキノコ類、こんぶやわかめの海藻。ビタミン、ミネラル、ヨウ素、繊維質といった栄養素をおいしくバランスよく一気に摂れ

るのです。さらに調理が簡単なうえにごちそう感もあります。

人が健康を維持するための体温は36度台がいい。また食べ物の温度は体温に近い40度程度が消化しやすいそうです。同じ栄養でも、温かい食事と冷たい食事では消化の働きが異なるそうで、とくに高齢者には温かい食事がおすすめのようです。

わが家の一番のお気に入りは「牛乳鍋」です。カニ、鶏肉、豆腐、白菜、春菊、人参、ネギ、シイタケ、コーン缶詰、餅。こんぶの出汁にコーン1缶を入れ、塩で薄味をつけます。カニ、鶏肉、豆腐、そのあとに野菜を煮えにくい順に投入。餅はとろけてしまわぬように一口大で塩ゆでした白菜で包みます。材料が煮えたら出汁の半分量の牛乳を入れ、吹きこぼれに注意しながら中火で煮込む。薄味なので最後までしっかり出汁ごと食べられ無駄もありません。材料の大半がタンパク質と野菜のため、肥満の心配もなく、皮膚もつやつや。体調がよくなりますよ。

寒い日はしっかりストレッチ
ラウンド中は首の保温も大切

ときどき「記録的な」と修飾語がつくような異常な天候の日があります。なんだかそんな日が増えた気もする今日この頃ですが、異常気象の日は無理せずに過ごすことがよいのかもしれません。

ただ、異常気象とは言わないまでも、とても寒い日、とても暑い日はありますよね。一年中、元気で楽しくゴルフをするとしたら、やはり根本的な対応策はきちんと準備しておくことが必要になります。

たとえば気温が低い日のゴルフ。朝の時間帯、布団から出た瞬間は温度差による体調不良の危険度が高くなります。そこでゴルフに行く日には「転ばぬ先の杖」で、寝起きのときに布団の中と部屋の温度差がないようにタイマーで暖房をセットしておきます。

ゴルファーの朝は早いですから、外に出るときには使い捨てカイロなどで十分に保温して出かけます。そして、ロッカールームで四股を踏んだり、ストレッチを十分に行います。血行をよくして体を温め、いつも以上に入念に筋肉や関節をほぐしてからスタートするのです。

さらにケンゾーさんは、頸部、足首、手首と「首」と名の付く部位を衣類で完全に保温するような準備を整えてスタートすることを習慣にしています。

ラウンド中に摂る飲料も、体を温めること重視。ポットに熱いお茶やコーヒーなどを入れて持参もします。

寒さで体が硬くなった状態でスウィングすると、大怪我や体調不良につながることも多いもの。1日でも長く健康長寿ゴルフを続けるべく、ケンゾーさんは内と外から万全の寒さ対策をして、楽しくラウンドしているのです。

良質な睡眠を確保するために意図的にやっていること

質がよく深い眠りは、昼間ダメージを受けた体の機能を回復させ、翌日活動するための体力を与えてくれます。しかし、高齢になれば「寝つきが悪い」「夜中に何度も目が覚める」「朝早く起きてしまう」などという人も多くなります。これは若い人に比べて、深い眠りの時間が大幅に減少するためです。

わが家では高齢者にとってより重要で、楽しいゴルフのためには欠かせない「良質で深い眠り」のために、工夫していることがいくつもあります。

まず、寝る1時間前ぐらいの決まった時間にホットミルクを飲みます。これは安眠だけでなく、カルシウム補給と精神の安定にもつながり「ぐっすり眠れる」とケンゾーさんもお気に入りで、自ら動いて用意してくれます。旅先でも必ず準備しますね。

それに加えて、ケンゾーさんはよほどのことがなければどんなに眠くても、午後11時くらいまではベッドに入りません。昼間のゴルフで適度に体力を消耗しているうえに、眠気を我慢していることで、高齢でも布団に入ると、すぐに眠りにつけるのです。一度、ベッドに入れば、たとえ周囲が明るくても、テレビがついていてもお構いなしで、すぐに「バタンキュー」なのが植杉家の快眠法なのですね。

そのほかに、ベッドマットは少し硬めであまりクッション性がないものを使用します。これは柔らかすぎると尻が沈みすぎて腰痛の原因にもなるし脊椎にもよくないからです。硬すぎても体が痛くなりますから、適度な硬さを見つけることが大事です。

枕も柔らかい素材は避けて、首筋を自然に保つ高さのものを選びます。

高すぎると首の痛みや肩こりの原因になったり、のどが圧迫されていびきをかくようになります。低すぎると首の骨の自然なカーブがなくなり、こちらも首痛、肩こりが起きます。頭が心臓より低い位置だと、血液の循環が悪くなり顔がむくみやすくもなってしまいます。

寒い日には電気敷き毛布で布団の中を温めます。部屋は年間を通じて、室温は16～26度の幅の中に、湿度は50～60％を保つ。除湿器や空気清浄機も活用して上質な眠りのための環境づくりを行うのです。

そして寝るときはマスク着用が一年中の習慣です。乾燥やホコリからのどを守り、風邪予防にもなります。

これだけ睡眠にこだわるのは「翌日の元気なラウンドはもちろん、スコアにもきっとよい影響がある」と考えるからこそ。深い良質な睡眠づくりに取り組む価値は大きいのではないでしょうか。

お祭りは赤飯と人吉名物つぼん汁

球磨地域に伝わる伝統料理は具沢山。お祭りごとには赤飯とのコンビは欠かせない。具が柔らかくなるまでじっくり煮込んで、旨さ凝縮。

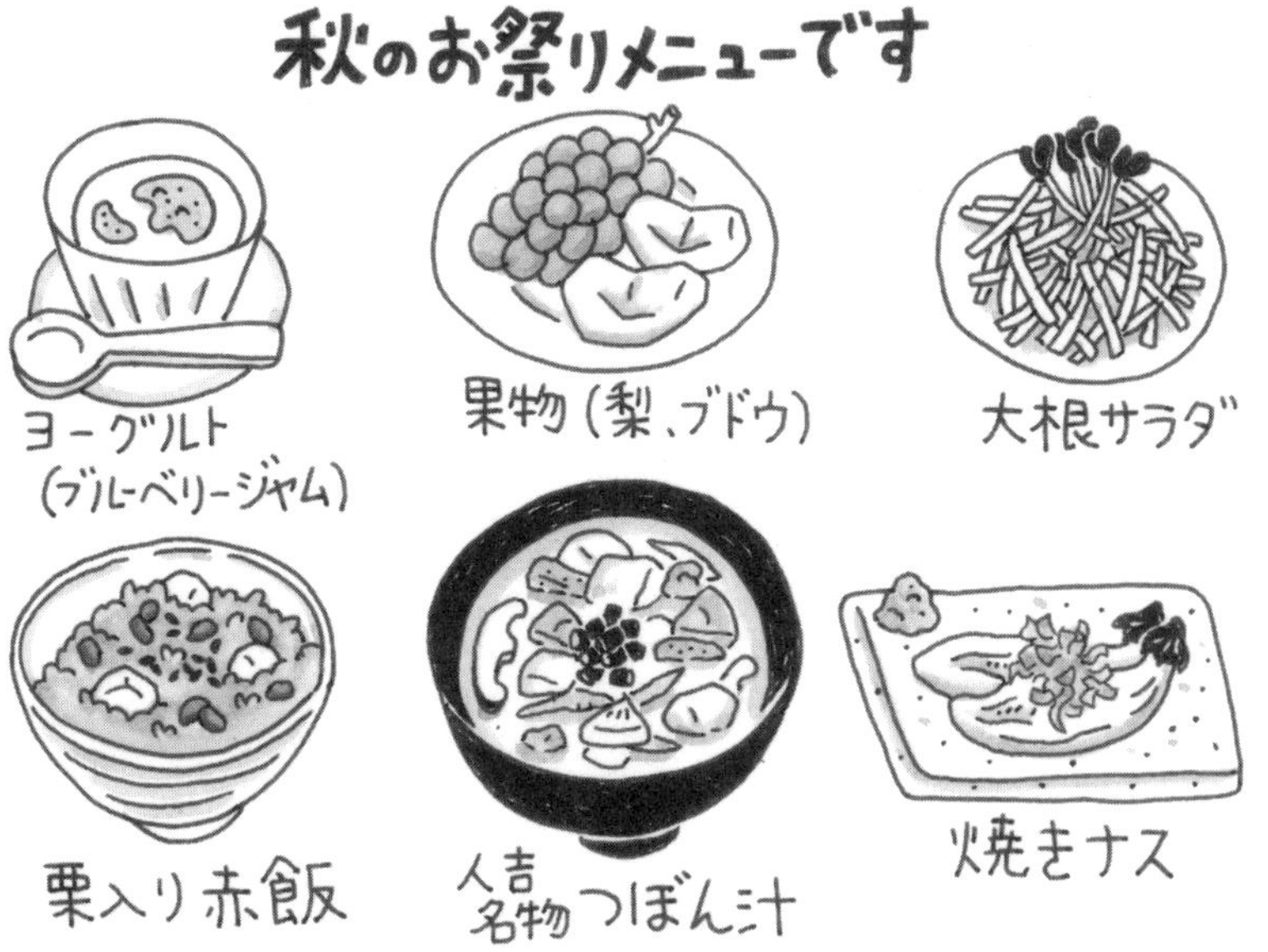

「つぼん汁」(人吉名物で、お祭りには赤飯とつぼん汁です)

材料：鶏肉、焼き豆腐、シイタケ、ゴボウ、人参、大根、里芋、コンニャク、ゴマ油、薄口しょう油、ネギ

①鶏肉は2センチ大の乱切り、ゴボウはささがき、シイタケ、人参、大根、里芋、コンニャクは2センチ大に切る。

②鍋にごま油大さじ2を入れて、鶏肉を炒めた後、他の野菜を入れて炒め、材料の倍程度の水を入れて煮る。

③材料が煮立ってきたら、薄口しょう油で味付け、具が柔らかくなるまで煮、盛りつけ時にネギをのせる。

ゴルフは健康長寿のため
スコアでくよくよしない

植杉家では、夫婦そろってラウンドするのはもちろん、ゴルフ中継を一緒に観るのも、週末の日課のようになっています。ゴルフ以外、野球、サッカー、バレーボール、マラソンなどさまざまなスポーツの観戦も楽しんでいます。野球のようにシーズンを通じて多くの試合を行うスポーツ中継を観ていると、選手には好不調の波が訪れます。悪い状態が続くと「スランプ」という表現がよく使われますね。

わが夫婦のゴルフのラウンド記録は私の役目ですが、パソコンに2人のスコアを打ち込み、とくにケンゾーさんの数字をあれこれ分析して、健康管理の側面からも役立てるようにしています。

もともと、わが家のゴルフはケンゾーさんや私の健康長寿が目的で、ベストスコア更新とか数字のためではありませんから、「夫婦そろって元気で楽しくラウンド」がモットーです。しかし、私などあまりにも悪いスコアが続くと、気持ちが穏やかではなくなります。あるとき思うようにスコアが出ないラウンドが数回続き、改善策が見つからないため「スランプかしら?」とケンゾーさんに尋ねたことがありました。

するとケンゾーさんに「スランプというのは上手な人しかならないもの。キミは単に下手なだけだよ」と言われました。まさにその通り! あれこれ考えていたのが馬鹿らしくなり、以後、ボギーやダボが続いても「下手なのだから当たり前。それよりも楽しく元気に回ろう」と思えるようになりました。

ケンゾーさんは言います。「ゴルフは山あり谷あり。スコアも山あり谷ありが当たり前。悪いときには自分が下手だと思うだけ。だからスランプなんてない」。これが純粋にゴルフを楽しむコツなのですね。

植杉家の生活習慣
POINT【その1】

・初体験や新しい出会いに好奇心を持つ
・甘味料として白砂糖の代わりにハチ蜜を使う
・高齢者こそ肉食で良質のタンパク質を摂取
・シャキッと背筋を伸ばすと姿勢もよくなり
　気持ちも前向きに
・旬の果物を冷凍保存して一年中、栄養補給
・家に帰ってからの道具の手入れまでがラウンド
・肉食好きでも、月に１～２回は「菜日《サイジツ》」設定
・姿勢を正して腹筋を鍛えポッコリお腹のメタボ解消
・保湿、栄養補給、紫外線対策などクリームが大活躍
・午後11時までは眠くてもベッドに入らない
・睡眠１時間前にホットミルクを飲む
・寝るときは一年中、マスクでのどを守る

それぞれの道、そして一本になったまっすぐな道。
これまでの人生、いたるところに
今につながる原点があると感じます

第2章

二人三脚で積み上げたエージシュート記録。植杉家はこんなふうにできました

~私どもの履歴書

〝わんぱく〟と〝おてんば〟が この歳まで元気の原点

～それぞれの幼少期

この歳まで元気でゴルフができるからこそ積み重ねられたエージシュート記録。自分の人生を振り返ると、いろいろやってきたことはすべて意味があると思えてきます。人生の積み重ねがエージシュートの積み重ねなんですね。これまでの私どもの人生を振り返らせていただくことで、少しでも皆さまの参考になる部分があれば幸いです。

子どものころにやっていたことが人生の礎となる。たとえば幼少期から取り組んだ剣道。熱心に道場に通いました。技術はもちろん、姿勢や礼儀もここで学びました。僕らの世代は戦争を経験していますが、海軍機関学校を卒業後、海軍で教鞭をとりました。そこでも剣道の指導を担

※編集部注：文中 ＝乾蔵さん ＝千枝子さん

当するくらい、腕前にはちょっぴり自信があります。今でも年齢の割に体幹が強い、姿勢がよいといわれますが、これだけエージシュートができたのは剣道のおかげもあると思っています。

野山を駆け回っていた〝わんぱく〟時代も今に通じているのかもしれませんね。僕は大正12年12月1日に熊本県人吉市の和菓子屋の次男として生まれました。子どものころからあんこが大好物！　大正のスイーツ男子ですね。自然豊かな人吉は遊び場の宝庫。僕も机に向かって勉強するより野山を駆け回るのが好きな〝わんぱく〟坊主でした。日本三大急流で知られる球磨川も、僕らのかっこうの遊び場。川の向こう岸に泳いで渡り、果実や木の実をとって網に入れて体に巻き付け、また泳いで帰ります。籠を仕掛けて天然ウナギをとったりもしました。まさに野生児ですね。

遊びもそのへんにあるものでいろいろ考えます。中でも男の子の遊びで人気だったのは、空き地や河原でやった野球。拾った木の枝がバット代わりで、グローブなんて誰も持っていませんから捕るのは素手。近所のガキ大将が中心になって仲間が集まれば野球をしていましたが、僕らの大将はとても野球がうまく、彼の打球を素手で捕るのは怖いし、痛いし大変でした。実は、そのガキ大将、のちに巨人軍で活躍した川上哲治さんだったんです。〝赤バットの川上〟の打球を素手で捕っていたなんて、人生のいい思い出ですよ。

私の生まれは人吉の隣の錦町（球磨ＣＣのある町）です。アウトドアの遊びが大好き。かけっこや木登りも大得意の〝おてんば〟で、庭の木に登っては、母や姉に「危ない」「もっと女の子らしく、おしとやかにしなさい」と注意をされたものです。しかし、好奇心も旺盛な私は、

バレーボール、ソフトボール、卓球、テニス、ボウリングと、球技はほとんど制覇するなど年齢を重ねても〝おてんば〟ぶりは健在。のちにゴルフという素晴らしい球技に出会え、ケンゾーさんと一緒にここまで歩んでこられたのは、球技好きな子どものころからの性格が影響しています。結局〝おてんば〟は私にとって、人生を楽しむ素敵な素養だったんです。スポーツをしていたからでしょうか、昭和16年生まれの女子としては160㎝と身長も高く健康に育ちました。

人との縁に恵まれ、ゴルフとの縁を結ぶ
～それぞれの社会人時代

戦後は九州産業交通を経て熊本日産と、車に関する仕事に就きました。日産ではセールスマン。マイカーブームの到来で「一家に一台」、

車移動が必須の地方都市では「一人に一台」と、車のセールスは右肩上がり。時代にも助けられ、トップセールスを達成したこともあります。当時は足で稼ぐ時代。私は「買ってください」と強く勧めるセールスマンではなく、顔を出して挨拶して、世間話をして、新しいパンフレットを置いて帰る。そんなスタイルでしたね。訪問先でお茶や食事を出してもらったり、のんびりした時代でもありましたが、人とのご縁にも恵まれました。お客様との多くの出会いがありましたが、今、思うと、最大の出会いはゴルフですね。

35歳のころ、担当させていただいたお客様に人吉「峰の露酒造」社長の堤治助さん（故人）がいらっしゃいました。堤さんはシングルプレーヤー。会社の2階に練習設備を作ってしまうほどのゴルフ好き。この方に「君もやらないか」と誘っていただいたのがきっかけです。わんぱく育ちで体を動かすことは好きですから、ありがたくお誘いを受けました。

仕事が終わると毎日、峰の露酒造に伺い、堤さんの手ほどきを受けること3カ月。技術はもちろんですが、あいさつ、服装、立ち居振る舞いなど、大切なゴルフのマナー、ルールを基本から教えていただきました。人吉には、当時、ゴルフ場も練習場もなかったので本当にありがたかったです。

ただ、サラリーマンをしているうちはお誘いを受けたら行く程度。基本がようやく身についたくらいで、いまの自分のはまり具合は想像もできませんでしたね。

父が早く他界していたこともあり、私は子どもの頃から自立心が強く、手に職をつけたいと考えていました。熊本高等看護学校に進学し、卒業後、熊本大学医学部付属病院の看護師になったのです。「手に職を」と選んだ看護師は私に向いていたようです。働くのがつらいと思うこと

もなく「よく遊び、よく働き、よく学べ」をモットーに仕事に趣味に日々充実していました。

多くの診療科を経験するなか、自主的に講習会に参加するなど勉強も欠かしませんでした。たくさんの患者さんと関わる中で、生活習慣を身につけることの大切さについて考えるようになり、ご家族も含めての生活指導に役立てようと栄養学の勉強もしました。栄養素のこと、調理法、食べ合わせや食べる順番など、このころに得た知識は、今の生活に役立っており、学んで無駄なことはなかったと痛感していますね。

ある時、ゴルフ好きのドクターから「ゴルフをやってみない？」と誘っていただきました。私がよく働き、よく学ぶのは、よく遊ぶためでもありますから、返事はもちろん「やってみたいです！」でした。

当時のゴルフは経営者やドクターなど限られた人たちの社交の場で、女性がゴルフをするなどという発想は珍しく、コースに出てラウンドするなどというのは夢のようなことでした。しかし「多趣味が趣味」の私。新たなチャレンジは魅力的に思えたんですね。

ちなみにそのころの私は、日舞、ダンス、茶道、華道、書道、着付け、レース編みと興味を持つとすぐ始めてしまい、仕事の後、休日と週に5日は習い事をしていましたよ。私にとって、趣味は遊びで楽しい時間。周囲の人は私を「遊びの天才」とほめてはくれましたが「少しは休めばいいのに」と、ちょっとあきれていたのかもしれません。

新たなチャレンジのゴルフ。練習場でボールを打ってみると、これが楽しくて、暇を見つけては練習場に通っていたものの、さすがに、今ほどゴルフ中心の生活をするとは思いもしませんでした。

ケンゾーさんも私も、ゴルフを始めたころは、今のような暮らしは想像もできなかった点も共通なのですね。

「家事は苦手、健康管理はしっかり」素直に受け入れスピード結婚

～出会いから結婚

セールスマン時代、独身で不摂生な生活を続けていた私は、タバコを1日1缶。ピースの50本入りです。酒は体質に合わず飲みませんでしたが、多忙で睡眠不足。40代のころは胃潰瘍や大腸炎などの消化器疾患を患い、165cmで48kgと女性でもやせ型に入るほどやせていましたから、毎回ゴルフをした後は、体重が2kgくらい減り、目の下がくぼみ、げっそりした姿は、そうとう老けて見えていたと思いますよ。

そんな私の姿を見かねたのか、50代で知人から千枝子さんを紹介されました。

20代半ばを過ぎたころから、いろいろと結婚を勧められるようになりましたが「私は手に職もあるし、仕事が楽しい。家事は自分に向かないからこのまま仕事を続けて生きていく」と言い続け、30代になっても結婚願望はありませんでした。しかし、母が体調を崩し「あなたが歳をとってひとりでいるのは寂しいだろう……それだけが気がかり」と心配していると周囲の人から聞かされ、はじめて結婚を考えるようになりました。縁あってケンゾーさんを紹介されたのが、まさにそのころだったのです。

私は「仕事を辞める気はない」「家事は得意ではないので、おいしい食事を作ることはできない」など自分のできないことをすべて話しました。そして「家事は上手にできないけれど、看護師ですから、あなたが病気にならないため、年齢を重ねても元気でいるため、介護を必要とせずに生きるための健康管理やお手伝いはできます。万が一、将来必要となったときには介護もできます。それでいいなら結婚します」と伝えました。今にして思うと、何てことを言ったのかと思いますが、できないことをできると言っても、すぐにわかってしまいますからね。正直すぎたかもしれませんが、ケンゾーさんが「それでいい」といってくれたので、結婚が成立しました。このとき「おいしい食事を作り、旦那さんの帰りを待つ奥さん」を希望されたら、この結婚はなかったと思います。

最初に「家事は苦手だけれど、看護師なので健康管理はしっかりできます」といわれたのは、ちゃんと覚えていますよ。お互い、仕事が好きで、スポーツや旅行など遊びも好きで似た者同士だったこともあり、結婚を決めました。当時、私は人吉の自宅に住み、妻は熊本市内の大学付属病院に勤務していたので、熊本市内暮らし。平日は別々に暮らして、週末にお互いの家を行き来する奇妙な結婚生活が始まりました。

お互いに若くないし、仕事が忙しい中で急に決めた結婚だったため、披露宴も新婚旅行もなし。近所の写真館で記念写真を撮っただけでしたが、母は喜んでくれました。どこにご縁があるかわからないものですね。私が、約1カ月でスピード結婚とは……今考えても、不思議な気がします。

ゴルフを楽しむために健康長寿の日常生活
～結婚生活、そしてゴルフ生活

結婚後、私が八代《やつしろ》の支店長になったときは、人吉の自宅からでは通勤が難しく、職場の近くに部屋を借りていたため、2人で3軒の家を行ったり来たりしていました。今では、さまざまな働きかたや暮らしぶ

りがありますが、当時はこんな生活をしている家は珍しかったでしょう。お互い仕事が好きだったので、自分たちは何とも思っていませんでしたが、周りには「何ていう生活！」と驚く人もいましたよ。「家賃や水道代、光熱費を払うために働いているようなものじゃないか」なんて、笑い話にもなりました。

夫婦そろってマイペースなのでしょうね。お互いにやりたいことを否定しないというのは、結婚当初からある暗黙のルールのようなものです。退職後、僕のゴルフどっぷり人生が始まりますが、このルールは活用させてもらっています（笑）。

家事が苦手なことは気にしないと言っていたケンゾーさんも、2人で3軒の家を行き来する生活は、想像していなかったのではないでしょうか。また「料理が得意でない」と宣言しましたが、それが「謙遜で

なく全部、本当だったんだね」と、10年くらい後に言われました（笑）。

お互いに忙しく働く中で、ケンゾーさんが55歳で独立のため早期退職。人吉の自宅に戻りました。私は休日になると、人吉に戻る生活でしたが、あるとき、家に帰るともうもうと煙だらけ。友人と徹夜でマージャンをして、タバコをスパスパ。さすがにこんな生活はよくないと思いましたよ（ケンゾーさんはその後スパッと禁煙に成功）。

かねてより姉からも「お互い若くないのだから、こんな生活を続けているのはよくない」と、たびたび助言というかお説教をされていたこともありまして、やはり自分たちの生活習慣をたて直そう。そんなふうに考え、私も人吉に戻り、自宅から通える健康保険人吉総合病院（現・人吉医療センター）で働くことにしました。

わが夫婦の本当の共同生活の始まりです。

55歳で独立してボルボの代理店と自動車保険の代理店を始めると、セールスマン時代に比べて時間の余裕ができ、ゴルフのお誘いも増えました。ラウンドを重ねるうちにスコアもよくなっていきます。それでゴルフの魅力にはまりましたね。普通、歳をとると運動能力の衰えを感じるものですが、ゴルフは高齢になっても上達します。50代のころは100を叩くこともありましたが、60代でシングルプレーヤーになるとラウンドが楽しくて、若いころに仕事に打ち込んだように、ゴルフに打ち込むようになりました。

ちょうど、私のほうも初任地の熊本大学付属病院で私にゴルフを勧めてくれたドクターが、人吉の私の勤務先に院長として赴任してきました。相変わらずのゴルフ好き。病院の職員でゴルフ部を作ろうと言い出して、私も入部。皆さんと練習をしていました。

そんなころ人吉に球磨カントリーができたんです。それまでは阿蘇や霧島まで行っていたのに、自宅から車で数分ですよ。これはもう行くしかない。近所にゴルフ場ができて、ラウンド回数が増えました。妻もラウンドします。今は妻と同じ組で回りますが、当時は行き帰りは一緒でラウンドは別。私は友人、妻は病院のゴルフ部の人たちとのプレーです。

東京の方は、ゴルフはお金のかかるスポーツという印象があるかと思いますが、人吉では平日のシルバー会員になれば、低価格でラウンドすることができます。スポーツジムに通ったり、飲みに行って二次会はカラオケなどと夜遊びするよりも安上がり。ましてや体調を崩して入院するよりもよほど安いです。人吉は恵まれたゴルフ環境にあります。

結婚後、私は体質改善に取り組んで（正確には取り組まされて・笑）いました。若いころの不摂生から、消化器疾患でやせすぎの体を少しずつ大きくしていったのです。

見た目は若々しいケンゾーさんですが、年齢を重ねれば体は衰え、病気もします。私は定年後も後輩の指導を任され、週に数日働いてはいましたが、少し時間の自由もでき、夫婦ともに健康長寿を目指し、日常生活で「リハビリ」と称した健康管理を始めることにしました。要介護にならない、重い病気にかからずいつまでも元気な日常生活……頭では大切なことだと思っても、多少の我慢や努力は必要。そこでわが家では「大好きなゴルフを楽しむため、よりよい体調でラウンドするには、何々が必要」と理由付けをして、健康生活を徹底することにしました。

私の体質改善もその一環です。やせすぎの体を大きくするのに、ことさらジムでトレーニングをしたり、プロテインを飲んでということではなく、毎日の食事量を増やしました。

ケンゾーさんは食が細く、一度に多くの食事を摂ることができなかったため、1日6食。栄養のバランスを考えて少しずつ無理なく食べてもらい、ゴルフを続けながら年に1～2kgずつ体重を増やしていきました。10年かけて48kgから58、59kgになったんです。

すべて妻に言われるままに、ロボットのように定期的に食べていたというのが本当のところですが、体重が増えると、ゴルフの後も目の下がくぼんだようにならなくなり、40代のころよりも体力がついたと実

感できました。今では食べる量も増え、1日3食で必要な栄養が摂れるようになりました。逆に「年齢の割にすごい食欲！」と驚かれるほど。90歳を過ぎても焼肉もステーキもぺろりと平らげ、周りの方に驚かれます。

うちの料理は健康重視で塩分や糖分を控えているので、若いころは濃い味付けが好きだった僕には「味がない」と感じられることもありましたが、結婚するときの「私はおいしい料理は作れない」という言葉に「それでいいです」と言ってしまいましたし、ゴルフをする体力を維持するための栄養なんて言われたら文句も言えません。出されたものを食べていればゴルフ三昧できると思えば薄味なんて慣れるものですよ（笑）。

「エージシュートの女房です」の連載の中で、いろいろ書かせていただき、この本の中でも第1章と第3章でまとめさせてもらいました

が、植杉家には健康生活のためのいくつかの決めごとがあります。もちろん私も同様の行動をしますから、夫婦そろっての二人三脚健康習慣です。ケンゾーさんにとっても、私にとっても、毎日の生活はすべてが大好きなゴルフをするためのいわば「リハビリ」ですね。高齢者にとって、何より大事なのは、体を動かして健康を維持することだと思います。

初のエージシュート。そして骨折をきっかけにやさしき鬼嫁誕生。

～ケンゾーさん70代、そして80代

71歳のとき初めてのエージシュートを達成しました。このころはエージシュートなんて聞き慣れない言葉でしたが、めったにできない記録だと知り、帰りの車中で達成の喜びをかみしめたものです。

その後もエージシュート達成を重ね、74歳で10回目を達成したときに

「１００歳までに１００回達成できたらいいな」と言ったのを覚えています。それがいつの間にか１００回、５００回を超え、１０００回を超えるのですから、人生いったい何が起こるかわからないものです。

エージシュート達成のころからは、ケンゾーさんと同じ組でラウンドする機会も増え、私はケンゾーさんのスコアを毎回パソコンに記録するようになりました。

エージシュート達成の条件は、年齢以下の数字でラウンドを終えることですから「年齢を1歳重ねるたびにハンディがひとつ増えるようなもの。健康と体力さえきちんと維持できれば、歳をとるほどにエージシュートは達成しやすくなるものなんだよ」とケンゾーさんは言っていましたね。

そんなふうに数字を重ねていましたが、79歳のとき、練習グリーンで滑って右足首を骨折してしまいました。そのときの状況や経過、リハビリ生活などは、第4章に記しましたので、ここでは省きますが、「全治3カ月か、長いな。早くゴルフがしたいな」とつぶやく私の言葉を聞いた妻は「安静に」とは言わずに「早くゴルフをしたいなら、極力、今までどおりの生活をしましょう」と言い出しました。

私の手助け次第で2階の寝室から無理に1階に下りずとも、生活のできる環境でしたが、高齢者は体を動かさないと、筋力が落ちてしまいます。私は看護師なので、溺愛ではなく博愛の精神でケンゾーさんの日常生活を見守りました。動くときは横で見守りますが手助けはしません。生活の決まりも厳しいもの。弱音を吐かずに黙々と頑張っていたケンゾーさんですが、お腹の中で思うことはあったのではないでしょうか。

こちらは脚が1本使えず、何をするにも四苦八苦なのに、指示を出して見守るだけの妻の姿に心の中では「こいつは鬼か」と思うこともありましたよ。本人は自ら「鬼嫁」と称していましたね（笑）。でも、そのおかげで早期復帰が叶いました。鬼嫁ではなく天使。妻には感謝ですよ。その後の植杉家の暮らしかたの基本部分のひとつが定まったエピソードなのかなと今では思いますね。

私は60歳で退職後も、週に3日程度、病院に勤務していました。70歳近くになっても、その生活が続くと、周囲から「奥さんはまだ仕事されているんですか？」と、ときに言われます。相手はただ「元気ですね」の社交辞令の気持ちのようですが、ケンゾーさんはバツが悪そうでした。

本人は好きで働いているから気にすることはないと言っていましたが「植杉さんはゴルフばかりして、奥さんが働いている」と思われているようで、少し気にはなりました。後進も育ち70歳になるのを機に仕事を辞めると言い出したので、内心、ホッとしましたね。

仕事を辞めると、ゴルフを最優先できるようになりました。わが夫婦は旅行好きなので、ゴルフありきの旅を楽しむようになり、気づくと全国にお仲間が増え、夫婦同じ組でラウンドする機会もさらに増えていきます。以前は同じ組で回って指導を受けるのが苦痛に感じられたりしましたが、スコアをつけたり脱水症予防など体調管理を考え、今では一緒の組で回ることが普通になっています。

ケンゾーさんは、怪我や病気などアクシデントに見舞われるたび、いっとき落ちこんだり弱気になっても、結局、やはりゴルフがしたいという気持ちになるようです。すると治療やリハビリにも前向きになり回復していきます。今でも日々の生活で脈拍はもとより酸素濃度を測るなど健康管理は徹底していますが、これは私が看護師で一般の方より医学の知識を持っているからできること。この点は結婚する際の約束は守れたなとは思っています。

怪我や病気をしても、これを治してまたゴルフがしたいと思うと、気持ちを前向きに切り替えることができましたし、不調を克服し再びゴルフができたときの喜びは何とも言えません。これぞ最大の栄養素だと思えるくらいです。

周囲の人から「なぜこんなに天気が悪いのにラウンドするのか」と聞かれることがあります。答えは「ゴルフが好きだから」だけ。雨、風、晴天、いろいろな条件に即してあれこれ考えながらプレーするのが好きなんです。今日のゴルフは一度だけ。たとえ同じコースでも毎回違うから考えるし、工夫する。これが楽しいんですね。

私も、骨折してもラウンドするケンゾーさんに「なぜそこまでしてラウンドするの？」と聞いたら「ゴルフが好きだから」と平然と答えられましたよね。

ゴルフはわが夫婦にいろいろなものを与えてくれます。たとえば、全国に多くのお知り合いができ、今でも交流があります。普通に生活していたら知り合えなかったお仲間に出会えました。海外旅行も行けました。なにより健康管理を徹底した生活習慣を送れるのも「ゴルフをしたい」という気持ちがあるから。ゴルフと出会えてどれだけの恩恵を受けているかと思います。感謝しかありません。

快適すぎて
鬼嫁の出番なし
Thai land

「ゴルフもリハビリ」言葉はきつくとも楽しい生活の基本
～そして現在、未来

妻は「ゴルフもリハビリ」とよく言います。ゴルフ場の芝生の上を移動するのはひざに負担がなく、関節にもやさしいです。そのうえ18ホール歩くだけでも足腰が丈夫になるし、自然の中でラウンドするのできれいな空気で呼吸ができます。

プレーにはいろいろと頭も使うので脳トレにもなるし、加えてお仲間と話したり、好きなゴルフをして楽しい時間を過ごすので日常生活のストレス解消にもなります。いいことだらけの健康習慣＝リハビリだそうです。

私の退職を機会に、私たち夫婦にとって「日常生活はゴルフをする体力を維持するためのリハビリ」「ゴルフは健康維持、ボケ防止のためのリハビリ」が合言葉になりました。ゴルフを軸とした楽しいリハビリ生活をしています。「リハビリ」という言葉に驚かれる方もいらっしゃるでしょうが、何はともあれゴルフができる、よい体調でゴルフをするために健康管理をするということであれば、表現は何でもいいんですよ（笑）。

令和元年12月1日、僕は96歳になりました。このタイミングで自動車運転免許を更新せず、返納することにしました。交通の便がよくない地方都市に住む人間にとって車は唯一の交通手段です。ゴルフも近所の買い物も車でしたが、最近の高齢者の事故のニュースを見るたび他人事ではないと感じた次第です。返納前の11月には宮崎のフェニックス

ＣＣまで高速を運転しましたし、まだ大丈夫とは思いますが、事故を起こしてからでは遅いので昭和、平成、令和をまたいだドライバー生活に終止符を打ちました。今では妻の運転の見張り役です。まだまだ夫婦で買い物好き、デパート好き。物産展など大好きです。人吉に支店があるデパートの熊本本店で物産展があるときには、送迎バスを申し込んで出かけていきます。

わが夫婦は、そんな毎日の中で、食事を栄養、生活すべてをリハビリといって健康管理をしていますが、１日も長くゴルフをするためであり、ゴルフをすることは毎日を楽しく元気に暮らすためのリハビリです。

命には限りがあります。限られた時間の中、ＱＯＬ（クオリティ・オブ・ライフ：生活の質）の高い生活を少しでも長く続けるための植杉家のリハビリ生活を続けることが、今の私の仕事。私たち夫婦にとって

のＱＯＬ向上は、夫婦そろって少しでも多くラウンドができること、周りの方にご迷惑をかけないように自分たちの楽しみを満喫できる体力を維持することです。そのために、毎日の健康リハビリ生活があり、その先にゴルフがあります。これを続けている限り、私に暇な時間は訪れないのかもしれませんが、それも私自身にとってのＱＯＬ向上なのだと思っています。日本でも長生きすることがよしとされ、超高齢化社会となっていますが、ただ長く生きるだけではダメだと思います。あくまで「健康で楽しく長生き」でないとつらいことばかり増えますからね。

幸運なことに、私は高齢になっても続けられるゴルフと出会い、妻とのリハビリ生活のお陰もあり、今もラウンドを続けられています。人間は、目的があり、やるべきこと、好きなことがあるから目の前につらいことがあっても乗り越えられます。高齢になるとちょっとした怪我

から寝たきりになってしまったり、治療の気力を失ってしまったりするものです。私も、93歳で腸骨を骨折し、動くこともできずに寝たきりの入院生活になった時には絶望的な気持ちにもなりました。しかし、妻や病院の皆さんのお陰で回復し、またゴルフができるようになりました。

これまでも、怪我や病気で落ち込むことは何度もありましたが、そのたびに、元気になってゴルフがしたいという気持ちが、回復への活力となりました。何でもいい、自分にとっての楽しみを見つけることが、健康長寿の秘訣だと思っています。

私をゴルフに誘って下さった堤さんをはじめ、これまでご一緒していただいた皆様、そして、常に私を甘やかさずに鍛え続けてくれるやさしき鬼嫁の妻には感謝しかありません。

現在は記録を気にせず、楽しくゴルフでリハビリ生活を続けています。そして、この先も可能な限りこの生活は続くと思っています。

暑いときは暑いときなりに
寒いときは寒いときなりに
自然とともにしなやかに生きたいものです

第3章

ゴルフで健康、そして元気に長生き。まだあります、皆さまにも役立つこと

〜私どもの暮らしかた　その2

大型デパートの中で動いて「ちゃっかりトレーニング」

高齢者になるほど、筋力や頭は使わなければ衰えやすく、いったん衰えた筋力や「脳力」を元に戻すことは大変です。ラウンドできないときは、何かしら運動をして、次のゴルフに備えた筋力トレーニングを日常生活に取り入れたいところです。

わが家では、買い物に行ったときの階段の上り下りで筋力トレーニングを行うような「ちゃっかりトレーニング」を実践しています。

熊本のデパートや大型スーパーが舞台です。まず店内を広く見て回ることがウォーキングの代わりになります。さらにエレベーターやエスカレーターは使わずに階段の上り下りで脚力を鍛えています。店内ですから空調が利いているので暑い夏でも熱中症などの心配はありません。直

※編集部注：この章は平成22年10月〜平成25年4月まで週刊ゴルフダイジェストに連載された「エージシュートの女房です」を抜粋。大幅に加筆修正しました。文章の語り手は千枝子さんです。

射日光を受けることもなく、いろいろな売り場を回っていると、けっこう歩くものです。

買い物と侮ることなかれ、です。飲み物を摂ったりして休憩しながらですと、買い物を楽しみながら、けっこうな体力作りができるというわけで、高齢者には効果があると感じています。

そういえば、あるとき一緒にいたはずのケンゾーさんが見当たりません。あわてて周囲を捜すと、家具売り場のソファに金髪の見慣れぬマネキンが座っています。なぜかこちらに向かって手を振るではないですか。近寄ってみると、なんと金髪のかつらを被ったケンゾーさんです。隣に立っているマネキンは、かわいそうに丸坊主。

「退屈だったからさぁ」と笑うケンゾーさん。懸命に捜す私の姿も面白かったとか。こんな遊び心を持っているから、ボケ知らずなのかもしれませんね。

味よし栄養よし朝食に欠かせぬピーナッツバター

わが家は薬やサプリメントに頼らずに、食事から多くの栄養を摂るのがモットーです。1品目でも多く食べられるように気を配っていますし、同じ食材を選ぶときでも、原材料の表記をチェックして、無添加・無着色を基本に、できるだけ自然のもの、体にやさしいものを選ぶように心がけています。

そんなわが家ですから、調味料など銘柄指定でこだわっているものもたくさんあります。たとえばピーナッツバター。朝食に欠かせない一品でおいしくて栄養価も高い食べ物です。毎朝、パン食なので、あるお気に入りの銘柄のピーナッツバターが大活躍するんです。

日本人には、ピーナッツバターは「甘い」「しつこい」イメージがありませんか。あまりなじみもないかもしれません。しかし、保存料や添加物が少なく、それほど甘くないものであれば、大丈夫です。

むしろ豆類であるピーナッツからは、タンパク質や食物繊維を豊富に摂取することができます。しかもバターやマーガリンより低カロリー。香りもよいです。コレステロールやメタボを気にするケンゾーさんにとって、体作りに欠かせない栄養素が豊富に摂れる理想的な食材です。

わが家では同じ銘柄のピーナッツバターで、クリーミータイプとつぶつぶタイプの2種類が買い置きされています。トーストに薄くマーガリンを塗った上に、さらにピーナッツバターを重ね塗り。そこに植杉家御用達のハチ蜜をかけ、ときにはジャムを追加して食べます。少糖タイプのピーナッツバターにハチ蜜の甘みが加わり、味わいと香りが増してとてもおいしいです。甘くないピーナッツバターは料理の隠し味、野菜の和え物などにも使え用途の広い優れものですよ。

エージシュートの秘訣は元気に歳をとることです

毎年お互いの誕生日をはじめ記念日には、いつもの健康食をお休みして、外食をたっぷりいただくことにしています。あれはケンゾーさんの米寿の誕生日。米寿は還暦と並んで有名ではないでしょうか。一般に「赤いちゃんちゃんこ」で祝う還暦に対し、米寿は金色の衣装を着て大々的に祝う風習もあるようです。でもケンゾーさんは、そのようなお祝い事を「年老いていくのをことさら意識してしまうから」と嫌います。なので、米寿だからといって特別なことはせずに普通の誕生日を過ごしたのですが、ちょうどその直後、タイのパタヤ地区にゴルフ旅行に行きました。その数年前、バンコクに行きよい思い出になったので、再び計画したのです。たまたまその年は水害でバンコクあたりは何カ所か回れぬゴルフ場があると聞いて、場所を変えました。

日本は寒い12月ですから、体も硬くなり怪我をしやすい季節ですが、暖かいタイではそんな心配もなく、景色を楽しみながら、いい具合に体も心もほぐれた気持ちいいゴルフができました。

ケンゾーさんはエージシュートの秘訣を聞かれると「歳をとること」と答えます。年齢が1歳増えると、許容スコアが1つ増えます。直前に誕生日を迎えていましたから、このときも達成ラインが1つ変わり記録を重ねたケンゾーさんです。とはいえ、確かに可能性が高まりそうですが、年齢とともに気力や体力も落ち、年々厳しくなるという側面もあります。「若い人の1年は高齢者の10年」という方もいます。

あくまで元気に歳を取ることが達成の秘訣。実年齢は増えても身体年齢は増やさないように、常に日常生活、食事に気を配ることもセットなんですね。

食後のデザートには毎日〝快腸〟のヨーグルト

わが家の朝食にはバターやマーガリンのほかに、常にピーナッツバター、ハチ蜜が登場して活躍すると前に紹介させていただきました。少糖タイプのお気に入りのピーナッツバターにハチ蜜という組み合わせを、毎朝、飽きることなくおいしいと食べてくれるケンゾーさんですが、ピーナッツバターやハチ蜜以外に、欠かせないものがデザートです。朝食からきちんとたっぷり食べて、デザートまでが定番になっています。

年々、歳を重ねてくると、胃や腸の働きが弱くなってきます。水分量も不足しがちになり、男女問わず便秘気味になることが多いようです。しかし、胃腸をきちんと働かせて快食快便というものが健康維持の基本であることは言うまでもありません。

しっかり食べて栄養を吸収し、ゴルフのラウンドでたっぷりとエネルギーを代謝することを健康生活の基本としているわが家で、「快腸」生活を維持するのに活躍しているのが、毎日のようにデザートに登場するヨーグルトです。

私の手作りのカスピ海ヨーグルトに、旬の果物や作り置きのフルーツピューレのシャーベット、ドライフルーツ、ハチ蜜、きな粉などを加え、デザートとして毎朝・毎夕食べています。もともと熊本の和菓子屋に生まれて根っから甘党のケンゾーさんは、デザートを喜んでモリモリ食べてくれます。

ヨーグルトなどに含まれる乳酸菌は、腸内にいて腸の働きを活性化させる体にとって必要な菌ですが、年齢とともに減少するようになってしまいがちです。

そこで食品に含まれる乳酸菌を毎日摂取し、減少した分を腸に届けてあげる必要が出てくるのです。

乳酸菌は胃液内の塩酸の影響もあり、空腹時よりも満腹時に摂取するほうが生きたまま腸内に届きやすくなるため、食後のデザートにヨーグルトを摂ることは、まさにぴったり。

腸内の有害細菌の増殖を抑え、整腸作用があり、良質のタンパク質やカルシウムも豊富に含むヨーグルトを毎日食べる習慣のおかげなのか、ケンゾーさんも私もお腹の調子に悩むことはありません。

ヨーグルトの酸味が苦手という方もいらっしゃるかもしれませんが、そういう方はフルーツやハチ蜜、ジャムなどで甘みをプラスするなど、ちょっとしたアレンジで食べやすくなりますから、試してみていただくとよろしいかなと思います。

植杉家直伝
エージシュートの
狙えるレシピ❼

色彩バランスよく目も楽し

自家製ヨーグルトの乳酸菌効果を存分に発揮させるため、たっぷり朝食を摂取。栄養も彩どりもバランスのいいサラダは食べやすい細切り。

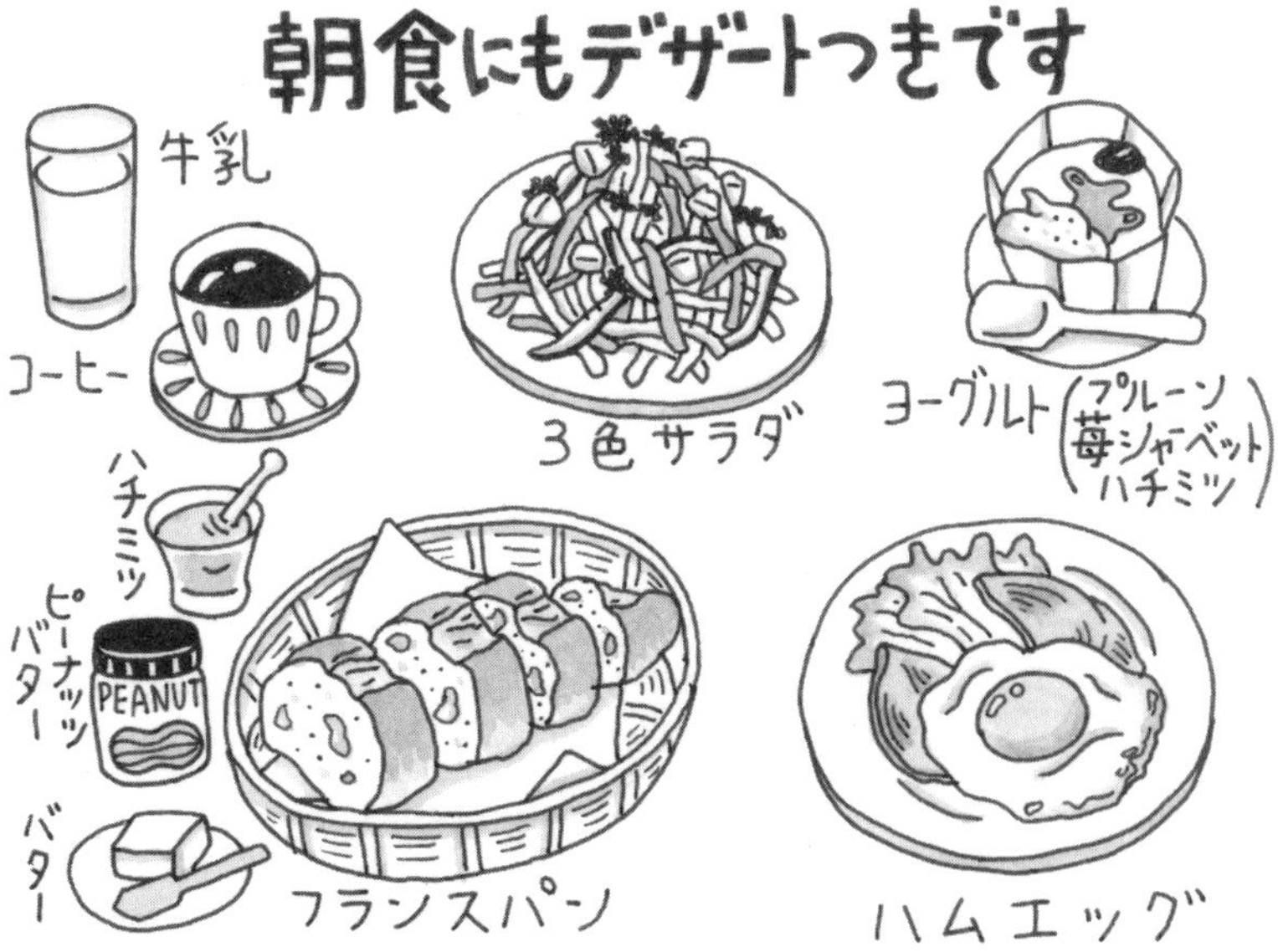

「3色サラダ」

材料：人参、大根、キュウリ、パセリ、コーン

①人参（赤）、大根（白）、キュウリ（緑）はスライサーを使い約10センチの千切りにし、器に盛る。

②パセリ、コーンをトッピングして、好みのドレッシングをかける。

過剰に慎重になるとかえって体調を崩すことも

先に書いた米寿の年のタイ旅行。実は、直前にケンゾーさんは体調を崩していました。風邪気味ということで病院へ行くと、気管支炎を指摘され、10日間ほどゴルフをせず、外出も控える生活です。1週間で検査データもよくなり、私もじきに治るかなと考えていたのですが、いつものようにスーパーに買い物に行ったケンゾーさんが、家に戻るなり「動悸がする」と言い出し、背中や肩、首も張って重い、歩くとクラクラするから頭に何か異常でも起きたのではないかとまで言います。

検査で異常なしなのに「こんな状況ではタイに行けないかもしれない」と落ち込むケンゾーさん。お医者さんが「病気ではないから行って大丈夫ですよ」と言ってくださるのに「元気が出る薬はないですか?」

と尋ね「そんな薬があったら私が欲しいです」と笑われる始末です。

念のため、帰国後のＭＲＩ検査を予約し、いざパタヤに着くと、数日前の不調が嘘のように元気になり、食欲も旺盛。本人も不思議がるほどでした。帰国後の検査結果でも脳に異常はなく、ひと安心だったのですが、いったいなぜと考えますと、いくつか思い当たることがありました。風邪を悪化させぬようゴルフ抜きのおとなしい生活で、積極的に水分を摂取できておらず、急に歩かなくなったことで体力が落ち、近所まで行く間に疲れてしまったようなのです。「旅行の前だから無理せず」と考えたことが反対に生活のバランスを崩す結果を生んでしまいました。

高齢になると使わぬ筋肉はすぐに衰えてしまいます。ケンゾーさんにとってゴルフは元気に長生きするための心身のリハビリそのもの。自分のペースを守りながらゴルフをし続けることが健康長寿の秘訣だと、改めて考えました。まさに「リハビリゴルフ」なのですね。

「いつでも平常心」はいくつになっても難しい

88歳のときの話です。ケンゾーさんは熊本さわやか長寿財団主催のシルバー交流ゴルフ大会に出場して総合3位、70歳以上の部で優勝しました。この大会は全国健康福祉祭・ねんりんピック大会の地方予選を兼ねており、ケンゾーさんは宮城県で行われる大会の熊本県代表に選ばれたのです。

いつもは「健康長寿のためのリハビリゴルフ」と、あまりスコアにとらわれないようにしているケンゾーさんですが、全国大会で県の名誉がかかれば、力が入ることもあるかもしれません。普段と違う力が入った状態で実力を発揮するのは難しいことです。

万年マイペースのケンゾーさんですが、周りが気になって失敗したことがあります。横峯さくらさんの賞金女王祝賀コンペに参加したときのことです。さくらさんの目の前での朝イチショットが大失敗。ナイスショットをと力んでしまったようです。

本人は「失敗したときは打ち急いでいることが多い」と分析していましたが、私から見るとリズムどころか、スウィングそのものまで違って見えました。相当、力が入っていたのですね。実は、翌年のさくらさん謝恩コンペでも朝イチは大ミスのチョロ。

さすがに3年目は、スタート前に入念にストレッチをするなど準備を整えナイスショットでしたが、私から見ると相変わらず振る舞いはそわそわ落ち着かないように感じられ、結果がよかったことにホッとしたのを覚えています。

ゴルフはメンタルが大事とよく言われますが、いつ何時でも平常心でクラブを振ることが、いくつになっても一番難しいのかもしれません。

水分補給は工夫が必要 “15分間隔”“真夜中”“ゴックン”

高齢者が注意すべきことに脱水症対策があります。健康長寿生活を送るための本当に大きなテーマですね。わが家では、ゴルフをするときは毎ホール強制的に飲み物を摂ってもらいますし、私が一緒でないときはキャディさんにお願いしておきます。ですからラウンド中や直後の脱水症状はまずありません。

むしろ注意が必要なのは家にいるときです。家ではホールアウトのような、明確なタイミングがありません。テレビや雑誌に夢中になっていると、2時間ぐらいはすぐに経ってしまいます。とくに午前中。朝食を摂ってから昼食までの時間経過が特別早く感じられ、そのぶんラウンド中に比べると水分摂取量が少なくなりがちなのです。冬場など空気は乾燥しているのに、ゆっくりと自宅にいるときほど、十分な水分が摂取できず、脱水状態になる危険度が高いのです。

そこで家でも、ゴルフのラウンドを意識するようにしました。1ホールぶんの時間、2ホールぶんの時間、目安は15分間隔くらいのイメージで給水を心がけています。

夏場の日中は、自然と水分補給を行いやすいものですが、問題は夜間。暑さ対策でエアコンをフル活用すれば、そのぶん室内は乾燥しやすくなります。昼間多くの紫外線を浴びることで体が疲れてもいます。体が疲れていますから、いつもより早く眠気が訪れがちです。疲労回復という点からは早目の就寝は悪いことではないのですが、エアコンが活躍し空気が乾燥した室内で眠ると、より水分が奪われるため、のども鼻も乾燥してカラカラになりやすいのです。エアコンをつけなければ発汗が多くなり脱水状態になりやすい。高齢になるほど体内の水分量が減りますから、よけいに脱水状態になりやすく、のどの渇きを感じてからの水分補給では間に合わないこともあります。

なので、私はケンゾーさんが早寝をした日には「真夜中の給水」を実行しています。具体的には夜中の12時ごろに睡眠中のケンゾーさんを起こし、水かスポーツドリンクを飲んでもらい水分補給をします。気持ちよく眠っているケンゾーさんを無理やり起こしての強制給水。かなり厳しい習慣ですが、翌朝、脱水症状で倒れることに比べたら、一瞬の睡魔の我慢のほうがまだましなのです。

ラウンド中などの水の飲み方も大事です。ケンゾーさんは、水分を摂るときにお茶のように「ズルズル」とすする癖があります。これでは十分な量が飲めません。すすり飲みは食道ではなく気管への誤嚥も引き起こしかねません。水分を摂るときは、口にたっぷりと含んで「ゴックン」と飲むことを心がけてもらっています。

植杉家直伝
エージシュートの
狙えるレシピ❽

ジュースで簡単。それがいい

トマトジュースとコンソメの煮汁を半分くらいになるまで煮詰めいただく、たっぷり具材の恵み。楽しむ食材は、毎日30品目以上。

「野菜のトマトスープ煮」

材料：エビ、ホタテ、じゃがいも、ニンジン、玉ネギ、トマト、ブロッコリー、ニンニク、トマトジュース、コンソメ

①野菜は煮くずれしないよう、大きめに切る。
②鍋にエビ、ホタテ、じゃがいも、ニンジン、玉ネギ、トマト、ニンニクを入れ、材料が浸る程度に水を入れ煮る。
③煮立ったら、トマトジュース、コンソメを入れ煮汁が半分になるくらいに煮詰める。
④ブロッコリーを房に分け、電子レンジで1分ほど加熱後、鍋に入れる。

夏は熱い食べ物と風呂で発汗 ラウンド中は冷たい飲み物

「夏やせ」「夏バテ」をあまり経験したことがなく、7月にエージシュートを多発する「夏男」のケンゾーさん。しかし、いくら夏男といえ、加齢による体力の低下は免れません。誰もが体調を崩しやすい盛夏。得意な季節と気を抜かず、健康管理は継続です。

夏は冷たいものを体に入れる機会が増えるぶん、体内は知らないうちに冷えています。こんな暑いときこそ、熱い料理を汗を流しながら食べるのも、健康管理のためのよい方法です。体は汗をかくことで代謝がアップします。代謝がアップすると、体内の細胞の動きも活発になり食欲も増進します。わが家では、できるだけ温かい食べ物をチョイスするように心がけています。

ただ、熱中症対策には体を冷やすことも大事です。暑い季節の炎天下のゴルフでは、冷たいスポーツドリンクで、しっかり水分を補給することが必要です。

ゴルフの夜に足が火照るという人もいます。これは普段歩かないような長距離を歩き、いつもより多い運動量をこなしたため、イオン（電解質）バランスが保たれていない状況が考えられます。アミノ酸を含むスポーツドリンクを飲む、ビタミンCやクエン酸を多く含んだオレンジジュースや果物を適宜摂るなどのケアが考えられますね。

火照りを鎮めようと、足の裏に冷シップを貼ったり保冷剤を当てたりする方がいるようですが、かえって逆効果。むしろ寝る前に熱めのお湯に足だけ浸ける足湯がいいと思います。同時にふくらはぎなど軽くマッサージをしてもいいでしょう。冷やすのではなく、温めて疲れをとってから休むことが肝心なのです。

リゾートゴルフを満喫
健康長寿の人生こそ楽しい

地元のゴルフもいいですが、旅と組み合わせるゴルフもまた楽しいものです。楽しいゴルフが増えれば増えるほど、いつまでも健康で長生きするための生活習慣の実践も前向きに取り組めるようになっていくと思っています。

何度かタイも訪れましたが、知人友人をお誘いして企画する「フェニックスゴルフツアー」も幾度となく実施しています。男子のトーナメントで有名な宮崎のフェニックスリゾートを訪問してのゴルフは、夏の恒例行事の雰囲気です。ダンロップフェニックストーナメントは何回も観戦していますから、トッププロと同じコースでプレーできるだけでもうれしいもの。フェニックスのキャディさんもスタッフの方も、とても気が利き、ケンゾーさんも私も、本当に気持ちよくプレーできます。

もともと、植杉家が企画して始めたもので、鹿児島、宮崎、熊本市内や八代市の方、人吉市内の親しい友人、知人で始めました。それが年々回数を重ねるうちに参加者の友人、そのまた友人と輪が広がり、参加した方がまた「次回も企画お願いします」とリクエストされて帰ります。

楽しくラウンドできるのはもちろん、いろいろな方と知り合いになれます。当日が初対面、初めてのラウンドというケースもありますが、皆さん一度ゴルフをしただけで、何十年のつき合いのように打ち解け、人との絆が深まっていきます。改めてゴルフというスポーツの素晴らしさを認識させてくれますね。開催のたびに広がるゴルフの輪。ラウンドだけでなく夕食時の会話も楽しく充実。健康でゴルフができるこのような喜びを味わうための「リハビリ生活」と思うと、毎日の意気込みも変わってくるというものです。

植杉家の生活習慣
POINT【その2】

・大型スーパーでは買いもののついでに
ぐるぐる歩いて〝ちゃっかりトレーニング〟

・スーパーやデパートではエレベーター、エスカレーターは
極力使わず階段で上り下り

・朝食では少糖タイプのピーナッツバターが活躍

・食後のデザートにはヨーグルトで〝快腸〟生活

・特別な行事前でも過度に慎重にならずに
普段の生活を心がける

・ラウンド時は1ホールごとに忘れず給水

・家にいるときはラウンド感覚で15分ごとに給水

・早めに就寝した夜は真夜中に起きて給水

・水分補給で水を飲むときは〝ズルズル〟すすらず
〝ゴックン〟飲みを心がける

植杉家直伝
エージシュートの
狙えるレシピ❾

栄養素をまんべんなくいただく

サラダの分量の野菜を使用。ミキサーでジュースにすることで、摂取可能になる野菜すべての栄養素。同じ量でも違う食べやすさ。

「サラダの野菜ジュース」

材料：キャベツ、セロリ、キュウリ、ピーマン、トマト、リンゴ、柿
①野菜はすべてザク切りにする（トマト、リンゴは芯をとり皮ごと、柿は皮をむき種をとる）。
②サラダの分量分をミキサーに入れ、水を100mℓ入れてよく回転する。
③コップに移し、その上にヨーグルト（パイン、干しブドウ）を入れると、一緒に食べられるので便利です。

集中力が途切れてきたらあずきキャラメルの出番です

「ラウンド中はマイペース」を実践しているケンゾーさんですが、18ホールの長丁場、いつもすべて思うように回れるはずもありません。とくに暑くて集中力の切れやすい夏場など、ちょっとしたことで大崩れしてしまうことがあります。

夏場は何より熱中症が怖いので、とにかく、こまめな水分補給は必須ですが、それ以外にも、ちょっと集中力がなくなってきたかなと思うときに補給するものがあります。それはケンゾーさんの好物「あずきキャラメル」。お店にもないお世話になっている方からのプレゼントです。

1粒渡して口に入れてもらうだけで、大好きなあずきの味に気分が和らぎますし、脳細胞に燃料となる糖分が入って、頭もスッキリするのか、それまでの調子の悪さから一転、集中力が蘇ってスコアを持ち直すことが多いですね。

ケンゾーさんはナイスショットが続くと、次のホールに移動するときに、鼻歌を歌いながら足取り軽く歩いていきます。

反対に大叩きしてしまったり、ミスショットが続いたりするときには、口数が減り、速足でイライラ歩き出します。この癖を発見してからというもの、ケンゾーさんが速足で歩きだしたら、即座に糖分補給。あずきキャラメルの出番ということにしています。

実はラウンド中には糖分補給用のアメや、塩分やミネラル補給のためのこんぶなどを持ち歩いていますが、ここ一番というときには、あずきキャラメルの出番です。常に口にするのではなく、秘密兵器のような存在にしておくことで、回復効果が高まるような気もします。ケンゾーさんのスコアアップの大事な相棒です。

TVの天気予報に頼らず自らの五感を働かせる

テレビの天気予報はずいぶん詳しくなっている気がします。天気や気温の予測以外にも、風向きや風量、花粉情報や紫外線量、洗濯指数、さらには関節痛&ひざ痛情報まで、ありとあらゆる情報が提供されるといってもいいでしょう。

普段の生活はもとよりラウンドの際の体調にも、天候の影響は大きいものです。昔から、過去に大怪我や手術をした方が「寒くなると古傷がキリキリ痛い」という言葉を発しているのを聞くことがありますね。

過去、大きな怪我や病気といったアクシデントに遭遇してきたケンゾーさんですが、これらの古傷は幸いにも痛みや神経痛などの後遺症はありません。そんなケンゾーさん、痛みがなくても自分の体で天気予報ができると笑って言います。古傷で天気の変化を感じ取ることはないのですが、髪の毛の状態の変化によって天気予報ができます。天気のよいときはあまり目立ちませんが、ケンゾーさん実は天然パーマです。「湿度が高くなってくると、髪の毛の天然パーマのウェーブが強くなってくるので、そろそろ雨が降ると予測ができる」のだそうです。

さらにわが家の近くにある日本三大急流のひとつ、球磨川にかかる400メートルほど離れた鉄橋を列車が通過する音でも天気予報をします。天気が雨に向かってくると、晴れの日よりも列車の通過音がよく聞こえるようなのです。子どものころ、祖父から「東風のときは雨」と教わったのがベースにあります。「通過音がよく聞こえるから東風。明日のラウンドは雨になるよ」そんなふうに言うんです。

天気予報をただ受け入れるのではなく、自分の経験や五感を働かせること。これも健康長寿でゴルフを続ける秘訣のひとつですね。

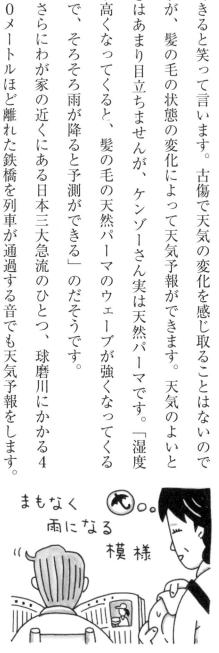

ウェアはジジババ色を禁止してときには女性物で若々しく

ウエアを新調したくなる気分のときがありますよね。そんなとき、わが家では「グレーやベージュのジジババ色はやめよう」が合言葉です。

もともとは夫婦そろって、そうした落ち着いた色が好きなので、どうしてもジジババ色を着るときは、上下どちらかに、赤、緑、紫、明るい紺などの鮮やかな色を組み合わせるようにしているんです。

若いときは地味な色がかえって若さを引き立てるものですが、高齢になり、若いときの華やかさがなくなってから地味な色の服を着ると、ますます老けて見えます。

同じ人が鮮やかなものを着たときと、地味なものを着たときを比較すると、その違いがとてもよくわかります。そんなこともあって、わが夫婦も、格好も若返ろうと努力しているのです。

服装が若返ることは、気持ちも明るく前向きになりますから、健康面でも好影響があるでしょう。気分がよいとプラス思考になるため、体そのものの抵抗力も増し、ホルモンの分泌もよく自然治癒力もアップ。逆に地味な服装をしていると、気持ちまで何となく沈んでしまうことがあります。そのときはマイナス思考に落ち込んでいますから、ホルモンの分泌も減りがちになるそうですよ。

そうしたこともあり、わが夫婦は、ジジババ色NGのルールを作っているんです。もともと明るい色の多いゴルフウェアですが、それでもより華やかでカラフルと考えると、男性物より女性物のほうに華やかなデザインのものが多いですよね。最近のケンゾーさんは、柄が気に入ると、ときどき女性物を選んで着るようなこともしています。ボタン合わせが逆なので、最初は着替えに戸惑っていたケンゾーさんですが、色や柄には何の抵抗感も抱きません。「いいシャツですね」などと周囲の人に褒められることも多く、まんざらでもない様子です。

そうそう目ざとくボタン合わせに気づく人もいませんし、最近は男女兼用のウェアも多く出ているので、ケンゾーさんも気にせず女性物の華やかな色を着てラウンドしているのです。

反対に私もVネックセーターは男性物のSサイズです。そんなこともあって、セーターは男性物でケンゾーさんがMサイズ、私がSサイズ。シャツは女性物でケンゾーさんがLサイズ、私がMサイズでときにペアルックなわが家です。

「若いですね」「きれいな色ですね」と言われると、お世辞でもうれしくなってやる気が出ますよね。皆さんも華やかな色合いの服装で、スコアアップを狙ってみてはいかがでしょう。

植杉家直伝
エージシュートの
狙えるレシピ⑩

様々な食材がわきを固める

スタミナ補給の肉食のエース「焼き肉」。たっぷり野菜や厚揚げ、こんにゃくなどがわきを固めるヘルシーメニュー。

「焼き肉」

材料：牛肉、厚揚げ、玉ネギ、人参、椎茸、ピーマン、こんにゃく、ニンニク、大根おろし、焼き肉のタレ、ポン酢

①牛肉にはおろしニンニクをかけ、他の材料は食べやすい大きさに切っておく。

②鉄板（ホットプレート）で材料を焼き、好みのタレや、ポン酢などで食べる。

すりつぶした茶葉の粉茶
ひと手間で栄養、おいしさアップ

日常の食事は栄養を摂るためのもの、と割り切っているわが家では、水分補給のために摂取する飲み物だって、そこから摂れる栄養素があるなら、効率よく吸収できるような工夫は怠りません。

私たちの住む熊本県人吉市は、山の斜面に広大な茶畑が広がる銘茶の産地です。わが家でも人吉のお茶をおいしくいただいているのですが、お茶を淹《い》れるとき、栄養価アップのためのひと手間を加えるようにしているのです。

元来、緑茶にはビタミンC、カテキン、ポリフェノール、タンニン酸、食物繊維などの成分が含まれますが、茶葉にお湯を注ぐだけでは、これらの栄養素が十分に抽出されないようです。そこで栄養素をより多く抽出させるため、すり鉢で茶葉をすりつぶし、粉茶のようにしてから茶こしに入れ、お湯を注いでいます。

このやり方は、静岡に住むお年寄りがされているのをテレビで観て、わが家でも採用させていただきました。粉になっていますから茶葉自体を飲む量も、自然と増えます。それだけビタミンCがより多く摂れますし、抗菌作用だってアップします。

急須で緑茶を淹れて夕方以降に多くの量を飲むと、カフェインのせいか、夜、眠れないことがあったので控えめにしていましたが、すりつぶした粉の状態でお茶を淹れると、多様な成分が摂取できるからか、きちんと眠れます。

ケンゾーさんも、このお茶は風味や香りがいいとお気にいり。おいしく気分よく水分も栄養も補給ができる、なかなかいいアイデアを知ったなと思います。

体調不良を感じた朝に効果的植杉家特製即席みそ汁はいかが？

皆さんは旅先で体調を崩したことはありませんか？　とくにエアコンで室内の乾燥が激しく、外気との温度差があるホテル。冷房をかけたまま眠ってしまって、翌朝、のどが痛んだり声が出にくいことがあります。わが家では乾燥対策、感染症対策を考えて、旅行には使い捨てマスクを持参して、寝るときは必ず着用が決まりなのですが、ケンゾーさんはときどき忘れてしまって、挙句の果てに翌朝「なんだかのどが痛い」とか熱があることさえあります。そんなときでも、よほどのことがない限り、旅のメーンイベントであるゴルフは決行。薬を飲むように薦めても「頭がボーっとしてプレーに集中できないし、勘が鈍る」と服用を拒みます。どれだけゴルフが優先なのかという話ですよね。

日常生活では熱が上がる前「ちょっとおかしい」と体調不良の予兆を感じるときがあり、その段階で栄養を摂り体を休めると回復する場合がけっこう多いものです。

そんなとき用の植杉家のレシピのひとつに「スタミナ味噌汁」があります。これはケンゾーさんが、サラリーマン時代に鹿児島出身の方に教えていただいた料理で、鹿児島ではポピュラーな味噌汁だそうです。

作り方はとても簡単。お椀に生味噌、鰹節、生卵を入れて練り合わせます。あとは熱湯を注いで、かきまぜた後にねぎを散らせばでき上がりです。

煮込まないので味噌本来のよい香りがして、卵はちょうどトロトロの半熟状態です。好みですりおろしたニンニクやショウガを加えても美味。食欲のないときでもいけますし、お酒を多く飲む方なら二日酔いの朝にも効果的ですよ。

骨を大切にするケンゾーさん〝牛乳おじさん〟があだ名です

高齢者になると、腰が曲がったり足がO脚になっている人を見かけます。そんな状態の原因のひとつに骨粗しょう症があり、そこにはカルシウム不足と運動不足などが関係してきます。以前は、高齢者の骨がもろく折れやすくなるのは老化現象で避けられぬことと考えられていました。しかし、20～30年前くらいから、日常生活の工夫や薬によって、カルシウムを摂取し、骨を強くできることがわかると、骨粗しょう症は老化現象ではなく、高齢者に多い病気と位置づけられるようになったのです。骨の構造を強くするための成分としてカルシウムやコラーゲン、タンパク質、ビタミンなどが必要になりますが、わが家ではゴルフを含めた日常生活と食事で骨粗しょう症対策をしています。ゴルフ場ではカートに頼らずなるべく歩きます。食事では栄養吸収率が若いころよりも悪くなっていることを考慮し、必要な栄養素をバランスよく豊富に摂るように心がけています。

ヨーグルト、チーズ、海藻類、ゴマ、豆腐などカルシウムを多く含む食品や、干しシイタケ、きのこなどビタミンDを多く含む食品を積極的に摂りますが、やはり代表選手は牛乳でしょう。カルシウムが多いうえに栄養バランスもよくいつでも簡単に飲みやすい優秀な食材なので、夫婦で朝と夜必ず飲んでいます。

良質の眠りのために寝る1時間前にホットミルクを飲むことは、眠りの項ですでに説明したとおりです。そして朝はもちろん朝食の一品。朝、牛乳を飲むことは栄養補給とともに、体を目覚めさせ活動の原動力となり、調子を整えてくれるのです。

このようにわが夫婦は必ず1日2回牛乳を飲みますから、1リットルの牛乳パックは1日で飲み切ってしまうペースですね。これだけ消費量が多いと買い物も大変です。私が毎日必ず買い物に行けるわけではないので、ケンゾーさんが週に何回か、近所のスーパーにまとめて買いに行きます。適度に重い牛乳を持って歩くことは、近所とはいえ筋力トレーニングにもなりますから、よい運動というわけです。ただ、わが家の暮らしぶりを知らない店の人にしてみると、数日おきに牛乳をまとめて買いに来る高齢の男性は珍しい存在なのか「牛乳おじさん」のあだ名がついてしまったのもいい思い出です。

カルシウム摂取のための食品としては人吉名物「焼き鮎」も忘れてはなりません。植杉家では、乾燥させた鮎を素揚げして、焼き塩かしょう油で食べます。生臭さもなく素材の味をしっかり楽しめるうえ、頭から丸ごとバリバリ食べられて栄養価も高い。「骨をとらなくていいから楽だ」とケンゾーさんもお気に入りです。

植杉家直伝
エージシュートの
狙えるレシピ⑪

卵はオリーブオイルで調理

卵は植物性の油で焼くと体内にコレステロールがたまりにくい。植杉家のフライパンで活躍するのは、太陽の恵み、オリーブオイル。

「ニラ入り卵焼き」

材料：卵、ニラ、トマトケチャップ、オリーブ油
①ニラは1㌢の長さに切る。
②熱したフライパンにオリーブ油大さじ2を入れ、ニラを入れて炒める。
③卵を溶きほぐし、②に入れて混ぜる。
④塩、コショウを加え、形を整えたら皿に盛り、トマトケチャップをかける。

「人生百年時代」だからこそ
ゴルフを百歳まで続ける体力を

ケンゾーさんが89歳のときの話です。神戸で日本初のゴルフコースが明治36（1903）年に発足して以来、百年以上、愛されているスポーツがゴルフなのですが、このゴルフ、ボールをカップという孔に入れる球技のため、漢字では「孔球《こうきゅう》」となります。そんな百年以上愛されている孔球を楽しみ、百歳まで棒《クラブ》を振り切る体力と「はるか唐天竺までも球を飛ばしたい」心を求める同志と親睦を深めることを目的としたゴルフイベントが、鹿児島で誕生しました。

その名も「孔球百歳道場」です。

「大好きなゴルフを百歳まで」を合言葉に、老若男女を問わず、ゴルフ好きならだれでも参加ＯＫ。ゴルフを一生のスポーツと決めた人のゴルフ合宿ですね。年2回、鹿児島県のホテル京セラ（現・さつまリゾートホテル）で5泊6日の日程です。

青木功プロの専属トレーナーとしておなじみの比佐仁さんのもと、時間割に沿って、ゴルフはもちろんですが、テニスや水泳などほかのスポーツやウォーキング、体操、そして懇親会などメニューは豊富です。最近では心と体のアンチエイジング、ゴルフヨガなどメニューの幅も広がり、ゴルフを通した親睦と、楽しみながら健康管理が実践できるイベントになっており、受講者は滞在中、ゴルフは回り放題です。

ケンゾーさんと私は、前年、88歳のときに日本ゴルフ学会の理事の方と、ホテル京セラの社長さんと熊本・阿蘇でラウンドしたご縁から孔球百歳道場の特別会員となり、89歳の年は5月と10月のいずれも2日間ずつ参加させていただきました。ゴルフのプレーはもちろんですが、受講者の皆さんと楽しいひと時を過ごすことができたのもいい思い出です。

当時87歳のケンゾーさん
ひざ年齢、体内年齢は62歳

大阪体育大学で「第24回日本ゴルフ学会・大阪大会」が開催されたときのことです。その年の学会のテーマが「エージシュートを目指して」だったこともあり、当時87歳だったケンゾーさんと私がシンポジウムのパネリストとして招かれました。

前日に大阪入りしたのですが、まず、大阪体育大学に向かい、科学的なデータ計測を受けました。エージシュート記録を重ねているケンゾーさんの秘密を数値から分析しようという試みです。計測のため、複数のコードを頭部から足の先まで貼り付けたケンゾーさんの姿には笑ってしまいましたが、筋肉や骨の状態などを超音波や最先端の機械でいろいろと調べ、スウィングや下肢の状態も詳しく分析していただきました。その中で、とくに「ひざ年齢は62歳」の診断は、ケンゾーさん、うれしそうでしたね。

実は、その前年には事前に日本ゴルフ学会の関係者の方が熊本を訪ねてみえ、ケンゾーさんのスウィングや歩き方をビデオ撮影しましたが、そちらの分析でも、ケンゾーさんの姿勢や歩き方は60代、ひざの健康状態も60代でした。80代後半の実年齢を考えたら、うれしい結果です。

やはり日常から「リハビリ生活」と銘打った暮らしぶりを怠けずに続けてきたからこそのこの数字。私としても少し誇らしい気分だったものです。学会当日は出席者の皆様のいろいろな質問に夫婦そろって回答しました。学会の研究発表は14題あり、どれも興味深く拝聴させてもらいましたね。

学会の3日目、4日目はフィールドフォーラムです。大阪ゴルフクラブ、関西空港ゴルフクラブをラウンドし、それぞれスコアは83（38・

鉄人ケンゾーさんを
科学的に分析
KENZO

45）、80（39・41）で回って2日連続のエージシュートと面目を保ってくれたケンゾーさんです。ちなみに関西空港を回った翌日は、知人に誘われて和歌山の橋本カントリーをラウンド。ここでもスコアは80（44・36）と3日連続のエージシュート。貴重な経験ができたうえに、スコアも上々と、大満足の大阪ツアーでした。

そして、その2カ月ほど後、ケンゾーさんも参加した「エージシューターマスターズゴルフ大会」に、先のゴルフ学会でお世話になった大阪府立大学、大阪体育大学の先生方も参加。ラウンド後に参加者全員の体力テスト、機械を使っての身体組織測定（体脂肪、内臓脂肪、筋肉量、骨量、体内年齢など）が行われたのですが、その結果、なんとほぼ全員の体内年齢が実年齢より20歳程度若いということに。やはりいつまでも元気で健康長寿のゴルフライフを実践している皆さんだからこそ、エージシューターの大会までコマを進めてくるのでしょうね。

植杉家直伝
エージシュートの
狙えるレシピ⑫

調味料のミックスで新たな世界

熊本でのワケギの異名、「せんもと」。普通は酢味噌で食べることが多いが、マヨネーズを追加するだけで広がる違った世界。

「ワケギのマヨネーズと酢味噌かけ」

材料：ワケギ、マヨネーズ、味噌、酢、塩

①ワケギは葉の先端の部分を切って（先端を切ると空気抜きになり水切りもよい）塩ゆでする。

②太い物は5センチくらいに切り揃え、細い物は先の部分を5～6センチ残して5センチくらいに折り曲げていき、残した部分を中心部に巻きつけるようにして束ねる。

③マヨネーズ、味噌、酢を１：２：１に混ぜて練り合わせ、好みで砂糖を加えて味を整え②にかける。

頭の中は毎日ゴルフのことばかり ゴルフは健康長寿の特効薬です

ケンゾーさんは、ゴルフはもちろん、毎日の生活でもなるべく歩くことで、足腰の老化を予防しています。それでも万歩計で測ってみると、ゴルフをする日は1万5000～1万6000歩が平均的なところが、ラウンドせずに家にいると2000～3500歩です。

やはりゴルフの日はたくさん歩きます。数値で比較すると、家にいる日の7、8倍歩いていることになるのですね。もちろん消費カロリー量も多く、クラブハウスでしっかり食事を摂っても太りません。ときどき一緒に回った方や、表彰式などのパーティで会った方が、モリモリ食べるケンゾーさんの姿を見て「たくさん食べるのですね」と驚きますが、私に言わせれば、減食して体重を軽くするだけでは健康的なダイエットと言えません。しっかり食べて栄養素を吸収し、エネルギーを運動量で消費する。それで無駄な脂肪をつけずに済みます。「歳をとって代謝が落ちているから食べる量を減らそう」ではなく「代謝を落とさないように運動で筋肉量を維持しよう」と考えるほうが健康的です。いわば「体重落とすなサイズ落とせ」なのです。ケンゾーさんはゴルフ場通いで、ふかふかの芝生の上を早足で歩いて代謝アップにつなげています。

冬場の雪や、突然の大雨でゴルフの予定が流れてしまった日も、ケンゾーさんは家でゴルフのビデオを観たり、ゴルフ雑誌を読んだり、道具の手入れをして過ごします。好きなゴルフの情報に囲まれているとあっという間に時間が過ぎるようです。

ラウンドがあってもなくても、ゴルフの話題に囲まれた植杉家の毎日は今も健在です。怪我などアクシデントもありましたが、夫婦そろってゴルフのおかげで健康長寿。毎日楽しみながらいきいき過ごしています。

植杉家の生活習慣
POINT【その3】

・集中力が落ちたら好物の菓子
　あずきキャラメルで糖分補給
・外部情報に頼らず自分の五感を働かせて
　物事を予測することも大事
・グレーやベージュのジジババ色だけで
　コーディネートは NG
・明るい色彩のウェアで見た目も気持ちも若々しく
・お茶の葉をすりつぶして粉茶にして淹れる
・毎朝、毎晩牛乳を飲みカルシウムを補給する
・代謝を落とさぬように運動で筋肉量を維持する
・体重落とすなサイズ落とせ
・毎日ゴルフのことを考えて楽しく健康長寿を実現

年齢なりに遭遇する病気や怪我のアクシデント。
しかしその都度、復活してゴルフを楽しんでいます。
「人生百年時代」にこそ、知っておきたいこと……

第4章

常に自らの体調に気を配る生活習慣、それがあるから、乗り越えられました

～私どものアクシデント克服ヒストリー

FILE | ナンバー1

79歳

右足関節部骨折

平成15年4月4日〜自宅療養

【経過】

県のアマチュアゴルファーの大会、熊日トーナメント第1戦、当日は小雨。朝の練習グリーンでパット練習を終えグリーンを出るところで、濡れていた出口の板に滑りひねって右足首を傷める。同伴者に借りたサポーターをつけると、痛みを感じなくなったのでラウンドするもハーフ終了時に痛みが強まり、千枝子さんに電話で状態を伝え報告する。すぐに病院で診察を受けるように勧められ、棄権を決め帰宅。整形外科を受診すると骨折が判明。ひざから足先までギブスで固定され、医師の診断は全治3カ月。松葉杖使用の自宅療養と説明される。当然、ゴルフも最低3カ月は禁止の指示。

復帰!

医師の指示する禁止期間を大きく縮めて、1カ月後の5月3日、ゴルフ再開。約2カ月後の6月1日、球磨カントリーでのクラブ選手権グランドシニアの部で40・37＝77で103回目のエージシュート達成！　8回目の優勝。

ギブスでも寝室に閉じこもらず普通の生活を行い驚異的に回復

痛みはあるものの、捻挫だろうと軽く考え、ラウンドしていたら痛みがどんどん強くなってきました。ハーフ終了後、さすがに後半は無理かもしれないと思いましたね。家に電話して妻に状態を話すと「すぐに病院に行って！　迎えに行きましょうか」と言います。捻挫くらいでは運転はできると、迎えを断って帰宅。病院で診てもらったら、診断結果は骨折です。湿布でもしてもらって……くらいに考えていたのに病院を出るときには片脚はギブス。何よりショックだったのは「3カ月はゴルフができない」と言われたこと。本当に自分の不注意を悔やみました。一瞬の不注意が大惨事になってしまうなんて、歳をとると気が抜けませんね。

※編集部注：文中 ＝乾蔵さん ＝千枝子さん

ケンゾーさんは骨折以上に「3カ月間ゴルフ禁止」がショックだったようです。本人から「早くゴルフがしたい」との言葉が出て、私が「ゴルフをしたいなら今までどおりの生活をしましょう」と応えリハビリ生活が始まりました。

ギプスをしていても寝室にこもるのではなく普通の生活。階段の上り下りも、私は状況を見守るだけで全く介助なしです。周囲の人からは、寝室のある2階にはテレビもあるし、トイレもある。毎日入浴しなくても体を拭けばいいし、厳しすぎるとも言われましたが、高齢者は使わない筋力はみるみる落ちてしまい、何もしないことで認知症を引き起こすこともあります。「ゴルフのため」を理由に頑張ってもらいました。リハビリも筋力を落とさぬことを第一に、負担がかかって鍛えられる左脚や上腕ではなく右脚を主に行いました。

79歳　右足関節部骨折時の植杉家リハビリ生活

・朝起きたら、部屋着に着替える。

・寝室のある２階から下りて洗面し、食堂で朝食を食べる。

・階段の上り下りは、松葉杖を右脚だと思い、一緒に一段ずつ移動する。

・入浴は毎日。ギブスが濡れないようにビニール袋で対処したうえで、浴室への出入り、浴槽へ右脚をつけずに体を沈められるように工夫。

・食事はタンパク質、骨折部の治癒を促進するカルシウムとビタミン類が豊富に摂取できるような献立。

・筋力を落とさないため、右脚を主に、ゴム紐を使って、ひざと大腿四頭筋の屈伸運動を、午前、午後20分くらいずつ行う。

とにかく早く治したいという思いで、妻の指示に従って生活をしていましたね。普段、何気なくやっていることも、片脚が使えないとこんなに不自由なのかとヘトヘトになります。正直いうと、そういうときは、手助けせずに見ているだけの妻に対し「こいつは鬼か」と、何度思ったことでしょう。自称・鬼嫁の面目躍如ですよ（笑）。

高齢になると筋力も弱ります。ちょっとひねった、ぶつけたといったことで骨折することもあります。ほんの不注意から大きな代償を背負うことになるので、日常生活から注意が必要です。

使わない筋肉はどんどん衰え、若いころのように使えば戻るというわけにはいきません。前の章でも少し触れたとおり、私は看護師ですから、先回りして何でも手伝う「溺愛」ではなく、その人にとってよい結果に導く「博愛」の精神でケンゾーさんの生活を見守りながら「筋力を落とさないためのリハビリ」と言って、骨折部以外をできるだけ動かす生活をしてもらいました。まさに「心を鬼にして」の見守りでした。

骨折後、3週間ほど経ったくらいから、夜眠れなかったり、胸が苦しい感じがしたりするようになりました。妻に相談すると「ストレスが原因かもしれない。このままだと認知症を起こす可能性も」と、病院で再診を受けることになりました。

X線撮影で骨折部に仮骨が少し出ているのが見て取れましたから、ギブスをカットしシャーレ（受け皿状）にして副え木のように包帯で固定した状態での自宅療養に切り替えました。これだと入浴時にシャーレを外すことができて、お湯に脚をつけられるし洗うこともできます。自分の脚を見て、安心したのか、その夜からぐっすり眠れるようになりま

した。それ以降、右脚の接地荷重を5kg→20kg→50kgと負荷を増やして少しずつリハビリ。その後、右脚に全体重をかけられるようになるとギブスもとれ、両脚で歩けるようになりました。自宅でのリハビリの成果により、骨折前と比べ上腕筋、胸筋、腹筋がつき体力はむしろアップしましたね。

予定より大幅に早くギブスがとれ、歩けるようになって本当に安心しました。松葉杖生活の間は、ときに心の中で「鬼!」と反発したこともありましたが、妻の指導どおりに生活したおかげで回復も早く、筋力もついたのですから、最後は本当に感謝の気持ちでいっぱいになりましたよ。そして何より、またこれでゴルフができるという喜びがとても大きかったですね。

ギブスがとれ、ついに両脚で歩けるようになった姿を見たときは、赤ちゃんが初めて歩いたときのような感激でした。ケンゾーさんにも私の健康管理を感謝してもらい、一気に「鬼嫁から天使」に昇格させてもらいましたよ。しかし「早く治ってよかった」で終わらないのがケンゾーさんです。

当初、3カ月ゴルフ禁止の診断のはずが、歩けるようになったとたんに我慢できず、なんと骨折から1カ月しか経たないうちに、近所のゴルフ場で勝手にプレーを再開していました。驚くやら呆れるやら。周囲の方にも「復帰が早すぎない？　もう高齢なのに」と心配されましたが、本人はどこ吹く風です。妻としては体力、気力ともどもの回復に安堵しつつ、医療従事者としては、「骨折後、1カ月でゴルフ!?」ともう呆れていましたね。さらに話はここで終わりません。

実は、骨折前に大箱根CC、川奈ホテルのゴルフツアーを予約済みでした。どちらも、歩きのラウンド。僕はゴルフはせずに観光旅行として参加することになっていました。骨折48日目の話です。

ところが、ホテルに到着したら、なんとフロントにケンゾーさんのゴルフクラブが届いていました。こっそり送っていたんですね。呆れて言葉も出ません。すぐに主治医の先生に連絡。「どうしてもゴルフがしたいと言いますので、植杉の責任でやらせていいですか。何かあったら治療はお願いします」と許可をいただき、結局、ケンゾーさんは2コースともアイアンクラブを杖代わりに歩いてラウンド。さすがにスウィング時には右脚に負荷をあまりかけぬように左脚の一本足打法のイメージだったそうですが、左は軸になりやすいもので「骨折が左脚でなくてよかった」と笑うケンゾーさんでした。

もう歩けるようになっていましたし、近所のコースでラウンド済みだったのですから、あのような名コースで見学しているだけなんてありえませんよ。妻に内緒でクラブを送ってしまえば、だれも止めることができませんよね。作戦大成功です！

結果的に、ゴルフ場の芝生の上を歩くことが足関節のリハビリにもなってよかったのかもしれませんが、一般のみなさんには絶対に真似してほしくないですね。

それでも、骨折とリハビリを経験したことで健康管理の大切さを実感しました。以降、食事も体力づくりも妻の意見を採り入れています。健康で楽しくゴルフをするための「リハビリ生活」ですから、苦痛はありませんよ。

FILE｜ナンバー2

80歳

左顔面帯状疱疹

平成16年3月29日発症。4月2日〜6日　5日間入院

【経過】

3月26日のラウンド中、風に当たるだけで額にピリッと痛みを感じる。皮膚には変化が見られないため、2日ほど様子を見るが痛みが続き、眉の上に赤い発疹ができる。病院で帯状疱疹の診断を受け、当初、通院で1日1回注射治療を行うも、日に日に発疹が増えてきたので入院。1日3回の注射治療に変更し、5日間の入院後完治。

復帰!

退院後の4月15日。球磨カントリーにて40・38＝78でラウンド。151回目のエージシュート達成！

額のピリッとした痛みは、顔を洗っても感じるほど。草や木の葉にかぶれたのかとも思い、最初は様子を見ましたが、顔や額が発疹だらけになってショックでした。人前に出られる状態ではないので、ゴルフも18日間、休みました。ただ、一度かかると免疫ができ、もう発症しないらしいので、ひとつ、病気が減ったと前向きにとらえましたね。

2日ほど様子を見ましたが、痛みが続いたので、帯状疱疹の可能性を考え、経過観察していると、眉の上に赤い発疹を発見しました。すぐに病院を受診。予想どおり帯状疱疹の診断でした。年齢による体力の低下か、無理（ゴルフのやりすぎ!?）などが原因だったようです。一般的に体のどこかに悪性腫瘍や疾患があるケースもあるので、全身の検査を行いましたが、とくに疾病は見つからずひと安心。これをきっかけに、毎年、この時期には必ず全身の検査を受けるようにしています。

FILE｜ナンバー 3

83歳

白内障

平成19年6月10日左眼、12日右眼を手術。6日間入院

【経過】

前年12月の運転免許更新時は、矯正視力で何とか検査は通過するも、その後、症状的にはすれ違う人に挨拶されても顔がはっきりとわかり難かったり、明るい野外や夜間のライトがまぶしくて見えづらい状態。眼科を受診した結果、白内障と診断され、手術を勧められる。ゴルフのプレーに影響が少ない、梅雨の時期を選んで左眼、右眼の順で手術し、成功。

復帰!

手術後の7月19日。生駒高原小林にて43･40＝83でラウンド。340回目のエージシュート達成！

手術後、世の中が変わったように見えたといっても大げさではありません。鏡に映った自分の顔のしわの多さには「こんなに年寄りだったか！」と驚きましたね。ゴルフでもパットはカップのある場所を聞きながら感覚で打っていたのですが、手術後はガラス窓のくもりをぬぐったかのように、視界がすっきり。グリーンの芝目が見えすぎて、最初は戸惑うほど。慣れてからは本当に快適です。

ゴルフができないのは嫌だというケンゾーさんを「雨が続く梅雨時なら……」と説得。入院前日までゴルフ（339回目のエージシュート）をして手術しました。今回は目の手術なので、1カ月間ゴルフ禁止というお医者さんの指示はしっかり守っていましたね。手術後は、私のシワもしっかり見えるようになって、さぞ驚いたことでしょう（笑）。

FILE | ナンバー4

89歳

一過性脳虚血発作

平成25年6月発症。6月16日～22日　7日間入院

【経過】

その日のラウンド後、帰路を運転中、右腕と右脚にしびれを感じ千枝子さんと一緒に病院へ直行。運よく当直医が脳外科で症状として一過性右上下肢感覚低下があるため、検査。CT 撮影では異常なしだが、MRI 検査で左頬動脈の狭窄が少し見られ、一過性脳虚血発作と診断された。脳梗塞の前駆症状の可能性が否定できず、入院。点滴治療を行い、症状が安定後、退院。

復帰！

退院後の6月25日。チェリーG人吉にて45・40＝85でラウンド。1060回目のエージシュート達成！

ラウンド中は何もなく元気にプレーしたんです。それなのに家に帰る運転の途中で右腕と右脚にしびれを感じました。妻に症状を伝えると、脱水症状のようなので、病院に行くということになりました。妻が運転を変わると言いましたが、10分ほどだからとそのまま病院へ向かいました。それが脳梗塞の一歩手前の症状だったとは。しびれを気にせず我慢していたらと思うと恐ろしいですね。

ケンゾーさんがそのままで大丈夫、というので運転を変わらず病院に向かいましたが、到着までの気の抜けない数分間がとても長く感じられました。運よく脳外科の先生が当直で、すぐに検査、入院。早期に発見、治療ができたことで大事に至りませんでした。今では「少しでも体調に異変を感じたら、すぐ病院」が我が家の合言葉ですね。

FILE | ナンバー5

92歳

間質性肺炎

平成28年6月17日〜7月29日　43日間入院
→再発　93歳　平成29年5月31日〜6月23日　24日間入院

【経過】

朝から小雨の中、九州スーパーシニアカップ出場。雨具は汗で濡れると判断し、着用せずラウンド。帰宅後、普通に生活し就寝したが、翌朝、咳が出て体温37.8度。近所の病院で診察。医師の勧めで人吉総合病院（現・人吉医療センター）を受診。間質性肺炎の診断を受け、点滴、内服薬、酸素吸入での治療。食欲、体力、精神力とも十分と感じられたが、体を動かすと息切れ症状が出る。高齢のため急に重症化の恐れもあり入院。退院からおよそ1年後、再発。咳や痰が出て37.9度の発熱。再入院。

復帰！

最初の入院時、治療に体幹と呼吸法のリハビリを加えて、体力が安定後、退院。8月4日には球磨カントリーにて44・48＝92でラウンド。1433回目のエージシュート達成！　再発時も退院後18日目にはラウンド開始。

1日50本が55歳でスパっと禁煙。それでこの程度で済んだとプラス思考

間質性肺炎という病気の原因はわからないことも多いようですが、一般に喫煙者に多く発症するようです。肺の末端にある肺胞部（呼吸で運ばれた酸素と体内で用を終えた炭酸ガスを交換する部位）が、何らかの原因で炎症を起こした疾患です。ケンゾーさんは以前はヘビースモーカーでしたが、55歳のときに1日でスパっと禁煙に成功し、以降、喫煙の習慣はありません。

意志が固く素晴らしいのですが、こうした症状が出ると、若いころの喫煙の習慣を後悔するような考えも頭に浮かんでしまいます。でも55歳でスパっと禁煙したからこそ、この程度で治まったのだと、プラス思考に切り替えました。

もともと、天気の良し悪しもゴルフの要素のひとつだと思っています。雨の日は雨の日のゴルフを楽しむだけ。そんなふうに考えているものですから、この日も普通にラウンドしただけなんです。自宅まで普通に運転して帰って、普通に過ごして、寝て起きたら熱と咳。小雨の中で濡れながらラウンドしたせいで風邪でもひいたかと思っていたら、肺炎とはびっくりしました。若いころにタバコを吸いすぎたことが関係しているのでしょうか。ちょうど禁煙するころは、ゴルフをしていても集中したテクニックが必要なパッティングのときなど、それが喫煙直後のプレーだと小指の感覚が鈍るような、そんな嫌なイメージがあったんです。それでスパッと禁煙し、その後、一切、タバコは吸っていません。パットのときの違和感はなくなってよかったのですが、それが今の肺炎に遠くでつながっているとは……。健康管理は早いうちからするに越したことはありません、と痛感したアクシデントでした。

退院から10カ月ほど経ったころです。前年の間質性肺炎の病状が安定し、内服薬は継続使用しながらも、徐々に量を減らして毎月経過観察は欠かしませんでしたが、咳や痰が出て発熱。再入院となりました。やはり、1年が経過して体力も落ちていますので、少し動いただけでも息切れが見られ、酸素が必要となりました。

状態が安定していたので、再発は残念なことでしたが、その結果、今でもラウンドするときは、カートに濃縮酸素器を携帯し、血流酸素濃度の測定値次第で必要に応じて酸素吸入をしてもらいながらラウンドしています。呼吸が整えば、体を動かすことに問題はないので、あとはマイペースでラウンド。これぞゴルフでリハビリですね。

病院では症状は治してくれます。しかし高齢者は動かずにいると、その他の機能も落ちてしまいますから、毎日の生活の中で、栄養を摂る、摂取したカロリーを燃焼させる、頭を使うなど、機能を持続させることが必要になります。繰り返しますが、毎日の生活も、そしてゴルフもリハビリと考えるようになっていますね。

【担当医から＝人吉医療センター呼吸器内科部長　中井良一医師】

間質性の肺炎は悪化時は酸素の取り込みが悪くなり、歩いたり運動したりするとさらに酸素不足で息切れが出たり苦しくなります。原因はいろいろでわからないことも多く、少しずつ進行するケースも。

肺の病気は慢性になってくると体が慣れ、酸素が不足しても苦しさを感じにくくなることがあります。これはよくなったのではなく、息苦しさという大事なサインに対して鈍くなるためで、むしろ危険な状態です。植杉さんは退院後、自宅での酸素吸入（在宅酸素療法）を行っていますが、在宅酸素療法の患者さんは、この慣れのために、しばしば酸素なし

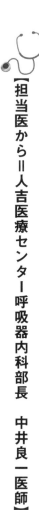

で生活し、病状が悪化することがあり、注意が必要です。

しかし、植杉さんの場合は、奥様がベテラン看護師さんですので、ご自宅でも酸素量をきちんとチェックできるなど、非常に恵まれた療養環境です。何らかのきっかけで急に悪化することも多いこの病気は、一般の人以上に体調管理が求められますが、その点でも、生活面や栄養面での奥様の気配りがいかんなく発揮されていると感じます。

在宅酸素療法を始めると、人前での酸素吸入に抵抗を覚える方もいて、突然、外出を控え引きこもりがちになってしまうケースもありますが、植杉さんは酸素によってますますプレーに励まれました。90代も後半に入って普通に生活されているだけでもご立派ですのに、ゴルフでも活躍されています。ご本人の生来の基礎的な身体能力も優れているのでしょうが、やはりそこに奥様の内助の功がなければ、病気、怪我を乗り越え、酸素吸入をしながらのご健闘は難しかったのではないかと思いますよ。

FILE | ナンバー6

93歳

右腸骨骨折

平成29年8月13日〜9月29日　48日間入院

【経過】

墓参りの帰り際。手すりのない石段を手をつき上ってきた高齢の男性に「大丈夫ですか？」「大丈夫」の声を交わし、道を譲りすれ違う。男性が通過後、千枝子さん、ケンゾーさんの、いつもの順で歩き出したとき、男性が足を滑らせ落下してきた。右臀部に激突されたケンゾーさんは左斜め前に倒れ左額が血まみれに。２人とも意識はあり、１人は仰臥でしたが坐位ができたので動かさず、救急車で人吉医療センターへ搬送。ケンゾーさんは右腸骨骨折、左側頭部裂傷、両上肢挫創受傷の大怪我で入院。手術も検討されたが、体幹の強さ、体力を加味し、保存的安静加療とリハビリ加療を選択。

復帰！

11月、ゴルフを開始し52・47＝97でラウンド。骨折後７カ月と20日目の平成30年４月３日94歳で６回目のホールインワン。７月17日球磨カントリーで47・46＝93で回り1470回目のエージシュート達成！　その後も８月18日、９月22日と骨折後3回ものエージシュートを記録。

このまま歩けなくなるという最悪の事態も覚悟しました

事故が起きた時は、気が動転しましたが、命に別状がなく、そこはひと安心。ただ、90歳を超えた高齢者で、骨折部位が臀部で動くことができないため入院となり、正直、このまま歩けなくなるという最悪の事態も覚悟しました。入院当初は寝たきり状態です。理学療法士さんが足首回しなどをして定期的に可動部位を動かすことからリハビリを開始。ケンゾーさんは自力で動くことができないため、毎日、病院に通い身の回りの世話をしました。左側しか向けないので、体位変換も病院スタッフが定期的に行います。私は、腕や手の筋力が衰えないようにと、横向きでもペットボトルの飲み物を自分で飲むことを勧めました。動作を見守りながらもできることは自分でやる植杉家のリハビリですね。

病院のリハビリは、ベッドの上で人任せの関節運動から始まり、坐位↓車椅子↓歩行器↓松葉杖↓杖と、段階的に進行し、退院後は、通院によるリハビリに加えて、自宅でも健康管理のリハビリ生活の再開です。

入院中、ベッドで寝ていると「もう寝たきりになってゴルフもできないのか」と絶望的な気持ちにもなりました。ついさっきまで自力で何でもできていたのに……。普段は淡々としているとか、感情の起伏が少ないと言われるほうですが、思わず「ワーッ」と叫びたくなることも何回かありました。妻も「あのとき、私が声をかけたりせず、2人でさっさと階段を下りてしまえば……」と落ち込んでいましたが、転げ落ち方によっては2人とも下敷きになっていたかもしれないし、頭を打ってもっとひどいことになっていたかもしれないと、徐々にですが、お互い気持ちを切り替えるようになっていきましたね。

人吉医療センターは私の以前の職場ですが、今回は退院まで皆勤賞。「仕事していたときでもここまで毎日通わなかった」と旧知のスタッフに冗談も言えるようになりました。これも関係者の皆様の治療のおかげで回復できたから言えることです。本当にお世話になりました。

当時、寝たきりも覚悟し、どうしてこんなことにと、一瞬の出来事を悔やむ気持ちもありました。でも、万一、こちらが加害者だったら、自分たちが健康でもゴルフをすることはもうできなかったでしょう。それを不幸中の幸いと考えようと2人とも気持ちを切り替えました。

頑張ってリハビリをしたらまたゴルフができる。復活してラウンドできたらお仲間も喜んでくれるし、胸を張ってゴルフ三昧の日々を送れるのだからと、時間はかかりましたが、お互いに前向きに考えましたね。

お陰様で退院することができ、自宅に戻ってからは通院でのリハビリと、わが家でのリハビリを並行しました。退院直後は家で杖を使う時期もありましたが、退院後半月程度で、杖なし歩行が可能となり、今では荷物を持って普通に階段を上り下りしています。治療の効果も大きいのですが、ケンゾーさんの回復力には正直、私も驚きました。

ただ、高齢での怪我ですから、骨折が治ってもリハビリは続行。今は、朝起きる前にベッドの上で私がケンゾーさんの足首、ひざ、腕など関節を動かしたり、筋肉を伸ばすなど自己流ストレッチをしています。毎朝ケンゾーさんのストレッチをすることで、私の運動にもなり、お互いに筋力が衰えず、関節が柔らかく可動域が広くなった気がします。

ゴルフをしたいからこそ怪我も治ると信じられました

本当に絶望的な気持ちになったこともありますが、今ではゴルフ場に行き、ラウンドができるだけで満足です。スコアにこだわらずまさ

に「リハビリゴルフ」を楽しんでいます。やはり「病は気から」ですかね。ゴルフをしたいからこそ、怪我も治ると信じられましたし、リハビリ開始当初に「年齢の割に筋肉も付いていて力がある。この歳では、これまで見たことない!!」と理学療法士さんに驚かれたことで「またゴルフができるかもしれない」と前向きになれ、つらいリハビリに耐えられました。退院後にまたゴルフをしていると知ったドクターからは「リハビリすれば歩けるようになるとは言ったけれど、まさか90を過ぎた高齢者が骨折後、ゴルフができるほど回復するとは……」と絶句されました。「化け物」か何かかと思っているかもしれませんね（笑）。

元気に、楽しくゴルフをすること、そのために健康管理をすること。妻のロボットのように食生活や生活習慣を積極的に受け入れ守ること。元気でいることが仕事と思って毎日を過ごす。それが、僕の健康長寿の秘訣です。元気で長生きならば、大好きなゴルフを続けられますからね。

年齢よりも若く見えることで、「万年青年」とも、「化け物」ともいわれる（笑）ケンゾーさんですが、年齢なりに病気や怪我もしています。それらが致命的な状態にならなかったのは、運がよかったこともありますが、日常的に体を鍛え、常に自分の状態に気を配る習慣を身につけていたからだと思います。

実は、結婚当初、今よりも10kgも体重が軽いガリガリのケンゾーさんを見て、「この人、あと10年も生きずに病気になって死んでしまうのでは？」と感じました。看護師の勘！　とでも言えばいいでしょうか。本人にとっては、最初は鬱陶しかったかもしれませんが、健康な生活を送るため、ゴルフを楽しむためには体力をつけましょうと、食事＝栄養摂取として、わが家の生活習慣を作ってきました。ケンゾーさんは「わが家の食事は塩抜き、砂糖抜きの味なし料理」などと言いながらも、その習慣を受け入れてくれました。お陰様でケンゾーさんは年齢とは比例しない体力の持ち主になり、多くの病気や怪我を患っても、回復することができたのです。

10年も生きられないどころか、あれから50年近く元気にゴルフをしていますから、人の体は健康管理によって変化（進化）できるのでしょう。植杉家では、日常生活もゴルフもリハビリと呼びますが、特別なことはしていません。ほんの少し体調や行動に気を配ること、工夫をすることで、無理のない健康習慣をつくってきたのです。

ストレスにならない程度の決めごとと、息抜きとなる楽しみを持ち、健康で楽しく、ＱＯＬの高い生活を送ることが理想だと思います。わが家では、一日でも長くゴルフを楽しむことをモチベーションとして、健康習慣を実践しているのです。

【担当医から＝人吉医療センター整形外科部長　大野貴史医師】

骨折部位は体重をかけることで悪化することはないと判断し、可能な限り早期にリハビリ開始の指示を出しました。症状的に荷重は可能だといっても、かなりの痛みを伴ったと思いますが、弱音を吐かず、積極的にリハビリをされていた姿が印象的です。口には出されませんでしたが「ゴルフをまたやりたい」という強い思いから頑張れたのではないでしょうか。

また、「転落された方は無事でしたか、よかった」と話されたことが印象的です。口数の少ない方ですが、この短い会話に人柄と懐の大きさを感じましたね。

高齢ではあっても筋力が強いため、リハビリの進みも早く、3週間程度で歩行器を使用して歩くことが可能となり、2カ月で骨折部も治癒しました。当初、歩行や日常生活レベルまでの回復は可能と診断していましたが、まさか、ゴルフができるほどに回復されるとは思ってもいませんでした。これは、ゴルフに対する植杉さんの情熱と、バランスのとれた食事や適度の運動など、夫婦で日々健康を気遣った生活をされていることが大きいでしょう。

近年、骨や関節、筋肉など運動器の衰えが原因で日常生活での立つ、歩くといった能力が低下する「ロコモティブシンドローム」が注目されています。これは、エレベーターや車など便利で楽な移動手段に頼っていることが原因といわれ、全世代の人に注意喚起がなされています。植杉さんはゴルフと生活習慣を通し、これらの問題を乗り越えて健康寿命の維持を達成されています。

植杉家の健康に対する姿勢、暮らしぶりは、高齢者のみならず、全世代の方々の大いなる参考になるはずです。

【担当医から＝人吉医療センター院長　木村正美医師】

現在、高齢者の「フレイル（加齢により心身が老い衰えた状態）」が増えています。具体的には、意図しない体重の減少、疲れやすい、歩行速度、握力、身体活動量の低下などがその症状。高齢者のフレイルは、生活の質を落とすだけでなく、さまざまな合併症を引き起こす危険がある上、放置すると要介護状態へと進みかねません。ただ、早く対策を行えば元の健常な状態に戻る可能性があります。植杉さんも、骨折後「ゴルフをもう一度」との思いを支えにつらいリハビリに励まれ、心身共に回復、自力歩行だけでなくラウンドまでできるようになられたのです。植杉家では、定期的に検診を受け、少しでも体調に異変を感じたらすぐに受診、そして毎日の健康のための生活習慣の実践など元看護師の奥様の気配りが徹底しています。気配りは医療行為ではありませんから、どなたにもできます。植杉家の暮らしかたをぜひ参考にしてください。

●ケンゾーさん エージシュート

年齢別・月別達成回数　～〝夏男〟の面目躍如！

	12月	1月	2月	3月	4月	5月	6月	7月	8月	9月	10月	11月	小計
71歳									1				1
72歳												1	1
73歳				1	1	1	1			1		1	6
74歳				1		1		2	1	1			6
75歳				1			1	2			1	1	6
76歳	1		2	1		2	1	2	3	3	1	2	18
77歳			2	1	1	4	1	5	3	5	2		24
78歳	3	2	1			2	1	2	4	3	6	4	28
79歳	4	1	2	5			5	6	3	4	8	5	43
80歳	5	2	6	4	3	7		9	5	5	3	1	50
81歳	5	3	2	1	3	11	6	8	5	6	9	6	65
82歳	3	4	4	4	4	5	6	7	4	4	6	4	55
83歳	6	8	4	3	6	8	1	4	4	11	10	5	70
84歳	6	5	8	6	6	8	6	10	10	8	7	4	84
85歳	5	8	6	6	11	13	9	10	11	12	9	12	112
86歳	9	8	8	12	11	11	5	14	12	14	11	13	128
87歳	8	13	10	10	15	12	9	14	14	9	10	7	131
88歳	13	11	9	12	13	17	11	13	15	13	12	12	151
89歳	15	13	11	12	12	14	6	10	12	11	16	12	144
90歳	9	11	7	6	12	12	10	10	9	12	6	13	117
91歳	9	12	8	11	12	12	7	10	13	15	9	13	131
92歳	10	6	11	13	8	9	4		2	2	8	5	78
93歳	6		3	4	5	2							20
94歳								1	1	1			3
小計	117	107	104	114	123	151	90	139	132	140	134	121	**1472**

梅雨の6月こそ、2桁の数字だが、その他の月はほぼまんべんなく記録。

特筆すべきは盛夏の7月、8月でも数字を落とすどころか、むしろ伸ばしているところ。

“ケンゾーさん”応援

何回も植杉さんとラウンドをご一緒させていただいていますが、大変真面目な方で言葉遣いから態度まで紳士的です。体力・技術に対する**強い向上心**、ゴルフの技術に対しての**飽くなき探求心**、ゴルフに対する**真摯な態度**は心に響くものがあります。**いかなる場合でもノータッチ**で「いい加減にプレーするとゴルフがつまらなくなります」という言葉が忘れられません。

東京大学名誉教授／日本ゴルフ学会会長　福永哲夫さん

奥様の指導で積極的・攻撃的に健康維持やリハビリをされ、95歳を過ぎてもゴルフをされていること自体に驚きます。毎年体力は低下しても、それに応じた無理のないプレーでスコアを維持し、体に負担のない滑らかなスウィングが印象的です。**とくにグリーン周りのアプローチは健在で天下一品**。私の人生において目標でありあこがれの植杉さんの前でエージシュートを達成したいです。

大阪体育大学名誉教授／博士（体育科学）　伊藤章さん　美智子さん

毎年知人を誘って行くタイのゴルフ旅行にご夫妻をお誘いしました。タイは気候も良く、ゴルフ天国。滞在中はゴルフ、食事と楽しい毎日を過ごしましたが、植杉さんは現地で受けたタイ古式マッサージをとても気に入り、ラウンド後のメンテナンスとして何度も受けられました。**ゴルフに対する情熱や真摯な態度は私のお手本**。私も植杉さんを見習って１日でも長くゴルフをしていきたいです。

TTK元社長　片山健児さん

メッセージ

「植杉家の二人三脚」にご縁のあった皆様から一言

九州スーパーシニアカップで初めてお会いし、年齢より**お若く見えること、元気なこと、ゴルフスウィングの力強さ**に驚かされました。内助の功の奥様の健康管理も素晴らしいです。大会参加者（80歳以上・約100名）の中にも、植杉さんを目標にしている選手は多いです。いつまでもお元気でこの大会に参加いただき、エージシュートの記録更新にもチャレンジしていただきたいです。

九州ゴルフ連盟／理事長　水田芳夫さん

2019年、九州スーパーシニアカップにご参加いただいたときは、参加者で大正生まれは2名。大正12年生まれの植杉さんは**最高齢でしたが、他の参加者と比べても若々しく、とてもお元気**に見えました。これからもお元気で、本大会へのご参加はもちろん、100歳ゴルファーを目指して頑張っていただきたいと思います。

九州ゴルフ連盟　事務局の皆さん

長岡でご一緒させていただきました。肺炎を患われた後とのことでカートに携帯用の酸素器を乗せ、酸素濃度を計測したり、吸入をしたりしながらゴルフをされていたのが印象的です。**ご夫婦二人三脚でゴルフをするために体調管理**をされているのだと感じました。怪物か‼　と思っていましたが、スマートで物静かな方。私も精神力、体力、意欲を見習い、エージシュートの達成を重ねられるよう頑張っています。

和同情報システム　代表取締役／会長　木村信男さん　佑子さん

一度ご一緒したいと、ラウンドをお願いしたところ、快く受けていただきました。ゴルフ仲間とともに熊本に出向き、2日ラウンド。1日はエージシュート達成に立ちあうことができ、よい記念となりました。**OKなしの植杉さんのプレースタイルに勇気づけられ**、以来、私もOKなしを実践。ゴルフを続けるための健康づくりにも気を配るようになりました。何事においても私のお手本です。

元ホテル経営　高橋英敬さん

植杉さんが86歳の時、ご一緒しました。エージシュートの記録ホルダーと伺っていたので、真っ黒に日焼けした頑強な男性だと思っていたら、小柄で色白、物静かで驚きました。思わず「色、白いですね」と言うと「化粧してるからね」と笑顔で答えられ、その時は冗談かと思いましたが、奥様の助言から紫外線対策をされていたとのこと。**プレーに限らず、よいと思うことは取り入れる柔軟な思考**は勉強になります。

ウェルネス倶楽部shoaya代表　池田昇示さん

心・技・体・知の一致により、派手ではないが堅実なゴルフをされる方です。90歳を過ぎてゴルフとは、普通であれば周囲が止めるところでしょうが、ご本人の努力・意志・意欲に加え、**奥様の健康管理という共同作業**により、ゴルフが健康長寿に繋がっているようです。命ある限りクラブを振り、コースを楽しんで欲しいと思います。

山口大学名誉教授　唐津邦利さん

「健康長寿を願うなら、食生活が大切」のお手本**のような方です。高齢になったら、食事の質、体重と食事量、素材、食べ方など、年齢や体調に応じて変えていくべきです。植杉家では、朝・昼・晩・間食・水分摂取まで、体に入れる物をしっかりと二人三脚で管理されています。この生活習慣が、決して大きくはないけれど、しっかりとした体を維持されている植杉さんの健康の秘訣でしょう。食事をはじめ、生活習慣に見習うべき点が多いです。

青木功氏トレーナー　比佐仁さん

エージシュートに必要な健康と長生きの基本は歩くことです。以前、植杉さんに歩数と歩行速度を計測する加速度計を装着し、計測を行うとゴルフの日は約８㎞の歩行。芝生の上の歩行は硬い道路よりもバランス感覚が必要となり、理想的な環境です。速度を速めるとより高い運動効果があるとアドバイスをしたらすぐ実践。**よいことはすぐに取り入れる適応力**も健康長寿の秘訣でしょう。

鹿屋体育大学教授　竹島伸生さん

植杉ご夫妻とは、何度かラウンドさせていただいていますが、真摯でひたむきなプレースタイルでエチケットやマナーにおいても感服させられます。仲良くプレーされている姿は、幸福感を与えてくれますね。世界中の文献で、ゴルフは健康寿命を延ばすというデータがいくつか紹介されており、ゴルフが健康長寿に貢献するなら、**植杉乾蔵氏はそれを実践する生きた世界遺産**といえます。

鹿屋体育大学教授　竹下俊一さん

2013年に宮崎のエージシュート大会に参加していただきましたが、台風が直撃。ハーフで上がるか、中止かな？と考えていると、植杉さんが率先してカートに乗り「この程度の雨で中止にしてはダメですよ」と、何事もないようにに出ていかれました。主催者としては少し焦り（笑）、**ゴルフ好きとしては心構えが違うと驚かされました**。ご夫婦で規則正しい生活をされ、健康を徹底管理し、常に次の目標を掲げて頑張っていくポジティブさが素晴らしいと思います。

エージシュート全国大会事務局長　柳田武好さん

私もエージシュートを数回達成したことがありますが、1500回に迫る達成回数は**気の遠くなるような数字です。大変な偉業です**。これからも健康に気を配られ、1日でも長くゴルフを楽しんでいただきたいと思います。

日本女子プロゴルフ協会顧問　樋口久子さん

エージシュートを一度は達成してみたいと夢見ている僕らには、1000回超えとは考えられない記録です。高齢になると歩くことさえ難しくなるのに100を切って回ってくるのは、ゴルフセンスがあると同時に体力がある証拠です。植杉さんは、多くの高齢者ゴルファーに、達成回数を築いていくこと、**達成回数＝健康のバロメーターだということを気づかせ**、知らしめてくれた方です。1500回達成を応援しています。

OFFICE CHACO代表取締役　大塚克史さん

15年程前、和歌山県の橋本カントリークラブで、初めてお会いしました。背筋がしゃんとし、颯爽とした動きに仰天しました。カートに乗らず、全て歩く。手には常に2、3本のクラブと砂袋を持ち、さっさと歩いて人に迷惑をかけない行動の随所に植杉様の溢れる人間性を感じました。「エージシュートの極意は」の問いに、「偶々、出来たんですよ」と。**まさに〝超越した達人の境地のなせる業〟**であると痛感し、尊敬の念で一杯です。

大阪府立大学名誉教授　中神勝さん

私は乾蔵氏のゴルフスコアの分析をやってきました。その中で特徴的なことは85歳から91歳までが一番エージシュートの数が多かったということです。普通は80歳までゴルフができれば御の字と思われるのに、むしろ**85歳から達成回数が増えているという実績については、驚き**というほかありません。その裏には上級看護師の千枝子夫人の高度な健康管理が見え隠れしておりました。今回植杉家の暮らしぶりの一端を公開されるとのこと。これまでの健康長寿の常識を覆す新しい方法や秘密が垣間見えるのではと楽しみでなりません。

岩手大学名誉教授　八木一正さん

複数回達成コースであろうとも、初達成時の喜びはまた格別です。

コース名	所在地	年齢	年月日	スコア
橋本カントリー	和歌山	87	23.9.7	80＝44･36
宮崎カントリー	宮崎	87	23.9.13	84＝39･45
バンプラGC	タイ	88	23.12.5	87＝44･43
バンパコンCC	タイ	88	23.12.9	84＝44･40
ワールドカントリー	熊本	88	24.3.30	85＝45･40
IGR京セラ	鹿児島	88	24.5.28	85＝42･43
城南カントリー	熊本	88	24.8.16	87＝40･47
溝辺カントリー	鹿児島	88	24.9.12	82＝42･40
サイアムCC	タイ	88	24.11.28	88＝42･46
レムチャバンCC	タイ	88	24.11.29	84＝44･40
カオキオCC	タイ	88	24.11.30	86＝45･41
宮崎レイクサイド	宮崎	89	24.12.23	89＝45･44
不知火カントリー	熊本	89	25.3.5	82＝39･43
交野カントリー	大阪	89	25.7.17	86＝45･41
北山カントリー	佐賀	89	25.9.26	85＝42･43
奈良国際GC	奈良	89	25.10.31	87＝44･43
タナシティGC	タイ	89	25.11.28	87＝47･40
パインハーストGC	タイ	89	25.11.29	88＝45･43
青島GC	宮崎	90	25.12.23	84＝40･44
菊池高原カントリー	熊本	90	26.5.16	86＝43･43
小郡カンツリー	福岡	90	26.9.11	88＝45･43
熊本南カントリー	熊本	90	26.9.17	89＝45･44
阿蘇ハイランド	熊本	91	27.9.30	77＝39･38
大分サニーヒル	大分	91	27.11.1	87＝46･41
かごしま空港36	鹿児島	92	28.1.22	86＝45･41
玄海GC	福岡	92	28.3.10	90＝43･47
あつまるレーク	熊本	92	28.9.28	89＝44･45
奄美カントリー	鹿児島	92	29.4.19	91＝44･47

※達成コース数58。表中の達成年月日はすべて平成のものです。

ケンゾーさんの足跡 ～ゴルフ場別初エージシュート達成日

コース名	所在地	年齢	年月日	スコア
熊本GC湯之谷	熊本	71	7.8.1	71＝36･35
チサンC人吉	熊本	72	8.11.12	71＝36･35
熊本クラウン	熊本	73	9.3.28	73＝37･36
生駒高原小林	宮崎	73	9.11.24	73＝37･36
球磨カントリー	熊本	75	11.3.10	75＝37･38
大利根チサン	千葉	76	12.6.8	73＝36･37
出水GC	鹿児島	77	13.2.7	76＝37･39
JAS旭川CC	北海道	77	13.6.27	75＝36･39
妙高高原GC	新潟	79	15.10.9	78＝41･37
玉名カントリー	熊本	79	15.10.15	78＝41･37
八代GC	熊本	80	16.3.17	76＝39･37
唐津GC	佐賀	80	16.8.24	77＝36･41
矢部GC	熊本	82	18.9.5	79＝40･39
阿蘇プリンス	熊本	82	18.9.25	82＝42･40
琉球GC	沖縄	83	19.2.20	81＝37･44
ジェイズ小林	宮崎	84	20.5.15	81＝39･42
ブリヂストンCC	佐賀	84	20.9.18	82＝39･43
レークウッドCC	タイ	85	21.3.13	83＝42･41
ザ･クラシックCC	福岡	85	21.9.10	81＝38･43
喜瀬カントリー	沖縄	86	22.2.15	81＝45･36
熊本空港カントリー	熊本	86	22.7.14	83＝43･40
伊都GC	福岡	86	22.9.16	84＝43･41
チサンC御船	熊本	86	22.10.6	85＝42･43
グランドチャンピオン	熊本	86	22.10.14	84＝42･42
フェニックスCC	宮崎	87	23.3.29	87＝45･42
チェリーG人吉	熊本	87	23.4.10	87＝44･43
阿蘇グランヴィリオ	熊本	87	23.7.31	79＝40･39
トム･ワトソンGC	宮崎	87	23.8.29	87＝42･45
大阪GC	大阪	87	23.9.5	83＝48･45
関西空港GC	大阪	87	23.9.6	80＝39･41

おわりに

最後までお読みいただき、ありがとうございました。

皆さまのお役に立てる内容がありましたでしょうか？

お読みいただいたとおり、わが家では、日常生活の中で、ちょっとした気配りでできることを見つけて、それを習慣にしているだけなのです。

お互い高齢になり、生活の中で体の衰えを感じることはあります。その衰えの速度を少しでも緩やかにし、大好きなゴルフを1日でも長くできたらと思います。超高齢化社会でも、ただ長生きするのではなく、健康で長生きをすることに意味があると考えています。


自分たちは、健康のためにしてきたゴルフを通し、多くの皆さまと親交を深めることができ、楽しい時間を過ごさせていただいています。これまで、ご一緒していただいたゴルフのお仲間、病気や怪我でお世話になった病院の皆さまをはじめ、本書発行にあたり、温かいコメントをお寄せいただだいた皆さま、これまでにわが夫婦に関わって下さった皆さまには「感謝」しかありません。本当に、ありがとうございました。

そして、「ゴルフ」という最高のスポーツと出会えたこと、今でもプレーをできているお互いの健康にも感謝し、今後も1日でも長くQOLの高い生活をし、ゴルフを続けていきたいと思っております。

最後に、本書制作にご尽力いただきました関係者の皆さまに心より感謝申し上げます。

2020年春　人吉にて

植杉　乾蔵
植杉千枝子

植杉乾蔵
うえすぎ・けんぞう

熊本県人吉市出身。96歳の今日までに、エージシュート1472回の大記録を達成した鉄人ゴルファー。平成25年人吉市体育協会スポーツ功労者表彰、平成26年人吉（健康で笑顔あふれる）市民栄誉賞受賞。

植杉千枝子
うえすぎ・ちえこ

熊本大学病院と健康保険人吉総合病院（現・人吉医療センター）に看護師として勤務し、看護学院の講師、健康講座の講師も務め地域医療に貢献。調理師の免許などを生かし、夫・ケンゾーさんと二人でゴルフは健康維持のための「リハビリゴルフ」とする暮らしかたを推進。

エージシュート記録1,472回
植杉家の暮らしかた

2020年4月7日　初版発行

著　　者　植杉乾蔵／植杉千枝子
発 行 者　木村玄一
発 行 所　ゴルフダイジェスト社
〒105-8670　東京都港区新橋6-18-5
TEL 03（3432）4411[代表]／03（3431）3060[販売部]
e-mail gbook@golf-digest.co.jp

デ ザ イ ン　スタジオパトリ　三浦哲人　村山美左子
印　　刷　大日本印刷株式会社

ISBN978-4-7728-4186-3　C2075